大展好書　好書大展
品嘗好書・冠群可期

武術特輯
158

侯氏太極拳內功修煉

附 DVD

張昱東　著

大展出版社有限公司

張三豐祖師畫像

太極拳宗師侯春秀

侯轉運老師

作者與侯轉運老師合影

前　言

　　由侯春秀先師所傳的侯氏太極拳即是「傳統三合一太極拳」，它以外練拳架為基礎，以內養氣功為根本，具有拳架、打手、內功三合一的完整太極拳修煉體系，是張三豐祖師在六百多年前創立的修道方法。修煉者經過太極拳拳架套路和單勢的嚴格訓練後，則會達到太極拳修煉的初級水準，之後可進一步藉由太極拳打手方法來提高自身的太極拳修養，達到心意與身形的統一，從而獲得太極拳修煉的中級水準，同時也就具備了修煉侯氏太極拳內功的條件。

　　侯氏太極拳內功包括太極拳功、太極圓樁功和太極丹功三個部分，具有健康身心、修心養性、掌握生命、超越自我的特殊功效。修煉者循序漸進修煉侯氏太極拳內功，會使自己的太極拳水準逐步達到更高層次，同時能使自己的身心更加健康，最終可成為具備中華太極文化根本智慧、把握人生、和合於太極大道的聖者。

張三豐祖師所創的傳統三合一太極拳內功在秘傳了六百多年後，今天由侯氏傳承並公之於世，為有志於繼承和發揚中華太極文化的學者提供了切實可依的修行實據，是中華太極文化發展之幸事，願我輩能珍視奉行，正心誠意，修成正果，以此創造太極文化的新成就。

書中提供的練功照片和影像由侯轉運老師提供和演示。

本書的出版，不僅得到了山西科學技術出版社的幫助，還得到了眾位師兄弟的關心和幫助，他們是：艾光明、胡樹功、侯廷勝、吳江、崔守峰、楊剛、朱小利、劉驁、高鎖勤、閻宏彬、武海靖、張占永、吳星、嚴秋林、曾曉蘭、楊武、李晨、王建軍、馮小波、王勇、侯博，在此致以衷心的感謝！

目　錄

前　言 …………………………………………… 3

第一章　侯氏太極拳內功概述 …………… 13

一、引　言 ……………………………………… 13

1. 什麼是太極拳內功 ………………………… 13

2. 為什麼要修煉太極拳內功 ………………… 13

3. 太極拳內功修煉的條件 …………………… 14

二、侯氏太極拳內功修煉的層次 …………… 16

1. 祛除疾病，健康身體 ……………………… 16

2. 造就身心合一之狀態 ……………………… 16

3. 調臟腑，順氣血，養精神 ………………… 17

4. 後天返先天，玉液還丹 …………………… 17

5. 九轉大道，金液還丹 ……………………… 17

三、侯氏太極拳內功修煉方法概述 ………… 18

1. 侯氏太極拳三合一修煉方法 ……………… 18

2. 侯氏太極圓椿功為進階功法 ……………… 19

3. 侯氏太極丹功為高級功法 ………………… 19

第二章　侯氏太極拳功 ················· 21

一、意義和作用 ······························· 21

1. 拳行內功，三位一體 ············· 22

2. 調理氣血，平衡內外 ············· 22

3. 凝聚能量，去除散漫 ············· 23

4. 協調陰陽，身心合一 ············· 24

5. 收斂心神，保養精氣 ············· 24

6. 順應自然，天人相和 ············· 25

二、修煉方法 ······························· 26

1. 正心誠意，全心全意（練心） ············· 26

2. 謹守時辰，符合自然（練時） ············· 29

3. 放鬆自己，告別僵硬（練形） ············· 32

4. 分別虛實，沉墜生根（練根） ············· 34

5. 神形合一，意虛神靈（煉神） ············· 36

三、分勢解說 ······························· 38

1. 預備勢 ········ 38

2. 起勢 ··········· 40

3. 金剛 ··········· 43

4. 攔紮衣 ········· 47

5. 白鶴亮翅 ····· 51

6. 單鞭 ··········· 53

7. 躍步 ··········· 55

8. 斜行 ··········· 57

9. 琵琶勢 ········· 60

10. 伏虎 ··········· 63

11. 擒拿 ··········· 65

12. 串捶 ··········· 67

13. 肘底捶 ········· 69

14. 倒捲肱 ········· 70

15. 閃通臂 ········· 73

16. 雲手 ··········· 76

17. 高探馬 ········ 80

18. 插腳 ·········· 82

19. 左蹬腳 ········ 84

20. 左右躍步 ······ 86

21. 青龍探海 ······ 88

22. 轉身二起腳 ··· 90

23. 分門樁抱膝 ··· 93

24. 喜鵲蹬枝 ······ 95

25. 鶻子翻身 ······ 97

26. 旋腳蹬根 ······ 99

27. 攔腰掌 ········ 101

28. 掩手捶 ········ 103

29. 抱頭推山 ······ 104

30. 前後照 ········ 106

31. 野馬分鬃 ······ 108

32. 玉女穿梭 ······ 111

33. 跌岔 ·········· 114

34. 掃堂 ·········· 116

35. 金雞獨立 ······ 118

36. 雙震腳 ········ 119

37. 小擒拿 ········ 121

38. 單擺腳 ········ 123

39. 指襠捶 ········ 125

40. 七星勢 ········ 127

41. 小擒打 ········ 129

42. 回頭看畫 ······ 131

43. 跨虎 ·········· 133

44. 雙擺腳 ········ 136

45. 彎弓射虎 ······ 138

46. 收勢 ·········· 140

四、修煉要點 ················ 143

1. 虛靈 ···················· 143

2. 含拔 ···················· 144

3. 鬆腰 ···················· 144

4. 定虛實 ·················· 144

5. 沉墜 ···················· 145

6. 用意不用力 ············ 145

7. 上下相隨 ·············· 146

8. 內外相合 ·············· 146

9. 相連不斷 ················· 147

10. 動中求靜 ················· 147

五、常見問題釋疑 ················· 148

1. 剛柔相濟 ················· 148

2. 剛勁即是骨力 ················· 148

3. 柔勁要練筋膜 ················· 149

4. 意念和洗髓 ················· 149

5. 氣貫兩腿而非氣沉丹田 ················· 149

6. 打手法調動潛能 ················· 150

7. 往返折疊 ················· 150

8. 生根和平衡 ················· 150

9. 放鬆 ················· 151

10. 因人而異 ················· 151

11. 順隨 ················· 152

12. 呼吸自然，氣要通順 ················· 152

13. 提氣補肝，沉氣補腎 ················· 152

第三章　　侯氏太極圓樁功 ················· 153

一、作　用 ················· 153

1. 養元調氣 ················· 153

2. 強臟通腑 ················· 155

3. 培根壯骨 ················· 155

4. 和合為一 ················· 156

5. 圓融天地 ················· 157

二、分勢解說 …………………………………… 157

　　1. 固氣椿 …………………………………… 157

　　2. 守氣椿 …………………………………… 161

　　3. 合氣椿 …………………………………… 164

　　4. 調氣椿 …………………………………… 169

　　5. 舒氣椿 …………………………………… 173

　　6. 培氣椿 …………………………………… 177

　　7. 收功椿 …………………………………… 181

第四章　侯氏太極丹功 ……………………… 183

一、概　述 …………………………………… 184

　　1. 丹是什麼 ………………………………… 184

　　2. 什麼是太極丹功 ………………………… 185

　　3. 為什麼要煉太極丹功 …………………… 186

　　4. 人的壽命和健康 ………………………… 186

　　5. 人的情、慾困境 ………………………… 187

　　6. 人的兩種生存狀態 ……………………… 188

　　7. 放棄後天的「自我」…………………… 189

　　8. 丹功三階段 ……………………………… 190

二、修煉要點 ………………………………… 193

　　1. 死生為念，嚮往超越 …………………… 193

　　2. 正心修身，累功積德 …………………… 194

　　3. 清心寡慾，積精累氣 …………………… 195

　　4. 安靜虛無，煉己築基 …………………… 196

　　　5. 性命雙修，太極大道 ············· 197

　三、侯氏太極內丹功功法 ············· 198

　　　1. 概述 ············· 198

　　　2. 內丹功修煉 ············· 200

　　　3. 煉功要點 ············· 204

　四、侯氏太極金丹功功法 ············· 207

　　　1. 概述 ············· 207

　　　2. 金丹功修煉 ············· 208

　　　3. 練功要點 ············· 213

第五章　侯氏太極拳內功的歷史傳承 ············· 215

　一、太極拳內功修煉的傳承歷史 ············· 215

　　　1. 太極拳內功的歷史淵源 ············· 215

　　　2. 太極拳的創造及太極拳內功的歷代相傳 ······ 216

　　　3. 太極拳宗師侯春秀 ············· 218

　　　4. 當代太極拳大師侯轉運 ············· 219

　二、傳統三合一太極拳歷代傳承關係 ············· 220

後　記 ············· 222

第一章
侯氏太極拳內功概述

一、引　言

1. 什麼是太極拳內功

太極拳內功是使用生命的主動意識來聚合身心、和合陰陽、凝聚生命元氣並使元氣圓滿的健康身心的功夫。

太極拳內功包括太極拳功、太極圓樁功和太極丹功。太極拳功和太極圓樁功就是透過協調身心的陰陽關係而使身體和心意相合為一的練功過程，為修煉太極丹功創造條件。太極丹功是由安靜虛無的方法使後天返先天，產內藥而煉金丹，使元氣圓滿的修煉過程。

2. 為什麼要修煉太極拳內功

我們人類聚合成為社會，從古到今形成了一套完整的心理和行為定式，我們每個人在來到這個社會時，就繼承了這些心理和行為定式，並且在個人環境中又形成了各自的生活和行為習慣，這些定式和習慣使我們對生

老病死的個體生命狀態無法控制，對在社會生活中身心勞動的付出往往不會察覺，任其消耗而最終走向患病、衰老和死亡。

張伯端祖師在《悟真篇》中說：「百歲光陰石火爍，一生身世水泡浮。只貪利祿求榮顯，不覺形容暗悴枯」；「昨日街頭猶走馬，今朝棺內已眠屍。」

透過太極拳內功的修煉，使我們能夠具有敏銳的感知力，能夠察覺到我們身心在各種環境和條件下任何一絲的勞動付出，並認識其規律；透過太極拳內功的修煉，我們能做到動中得靜，將身心勞動的付出降到最低，不妄損耗生命延續的元氣根本，達到健康身心的目的；透過太極拳內功的修煉，我們可以最大限度地放下後天的自我，擺脫世俗社會對生命元氣的牽制和消耗，凝聚體內消耗之後所剩的元氣，並進一步求得宇宙生命元氣的重新配載而終得金丹，以此重新煥發我們的青春，打破疾病和死亡對我們生命的圍困。

3. 太極拳內功修煉的條件

我們每個個體的生命過程自有其規律，就是生、長、壯、衰、病、亡的規律，生命狀態在每時每日每月每年也都自有其規律，其個體本身受自然環境和社會環境的約束和影響也自有規律可循。

中華歷代先人代代探索、研究和實踐，終對這些規律有了完整、透徹的理解和把握，並總結出太極拳內功

修煉的步驟和方法，以擺脫衰老、疾病、甚至死亡對我們生命歷程的困擾。

要修煉太極拳內功，首先對我們的生命規律要有深入完整的認識和瞭解，並逐步樹立我們練功的決心和堅定意志，沒有這兩點，今後的修煉過程則困難重重，甚至會半途而廢。

其次要詳細瞭解掌握我們自己的身心狀況，以便確立適合自我的練功步驟和方法。

人在青少年時期，身體狀況良好，尤其是還未涉入情慾或涉入不深，元氣元精沒有遭到什麼損失，元神未受嚴重干擾，若能此時修煉太極功，效果最好。

但是，儘管此時的身心狀況最好，可惜對社會、人生和自己的身心未能有完整深刻的認識，後天識神未全，因而在這個人生階段就開始練功並能堅持者寥寥無幾，只憑機緣罷了。

40歲前後，元氣元精已損失三分之一，但經歷了社會磨練和情感磨礪，後天識神已全，先知聰慧之聖者，已樹立修煉之決心和信心，此時修煉時機亦可說最佳，多數有大成就者皆是此時開始修煉而最終得成正果。

60歲前後，元氣元精已損失二分之一，若不能及時修補，恐將疾病纏身，後天正氣不足以制約病邪的擾亂，這個時段是大部分有志修煉者的最後時機，錯過此時，一般人已無法阻止元氣元精的繼續損失，只能逐漸步入衰弱死亡之谷了。

二、侯氏太極拳內功修煉的層次

1. 祛除疾病，健康身體

35歲之後，由於元氣的減少，身體健康狀況開始走下坡，各種疾病開始逐漸增加。如果身體有了疾病，則疾病總要耗占相當一部分正氣，使我們無法直接修煉太極拳靜功，所以，首先要透過修煉太極拳動功來調控身體，調動正氣，協調陰陽，以祛除疾病，做到氣順血和，還身體之健康，此為修煉太極拳內功第一個層次。

2. 造就身心合一之狀態

人類自出現以來，一代一代行為和認知習慣的遺傳，使我們已形成感官外向反應的被動機制。我們的意識活動在大部分時間都是向外的。外界有什麼變化，我們由感官馬上就起反應，這個行為和心理活動輕而易舉，我們卻很少能主動地意識到這種狀態。它使我們被外界形、色、聲、味的變化所牽引和控制，使我們不由自主。在這種情況下，我們的意識和身體往往處在不協調的狀態，我們無法真正主動控制我們的身體，這種情況在現代日益嚴重。

修煉太極拳內功的第二個層次，就是運用太極拳功的意念功法，將不統一、不協調的身心進行和合，運用

後天主動意念來精確調控身體的動作行為，協調身體氣息運轉，使身心完全統一。

3. 調臟腑，順氣血，養精神

在統一身心的基礎上，透過以意念控制下的動作來引導氣血，從而調整臟腑氣血陰陽，增強臟腑功能，使臟腑協調運轉，身體更加健康；同時，還能進一步起到保精和調神的作用。

以太極圓椿功進行修煉為太極拳內功第三個層次，可達調臟腑、順氣血、養精神的目的。

4. 後天返先天，玉液還丹

我們之所以每時每刻都在不斷消耗著自己的精、氣、神，是因為我們的身心處在「後天」生命模式和狀態，而生命元氣分解成的精、氣、神則散佈全身而外用。要把這分散的精、氣、神合成先天元氣，則必須由「後天」狀態轉變為「先天」狀態，在「先天」狀態下，生命能量不斷聚合，最終返回原初生命元氣的狀態，生成「內丹」。這個內功就是返本歸元、玉液還丹之功，為太極拳內功修煉的第四個層次。

5. 九轉大道，金液還丹

金液還丹是為金丹功，是太極拳內功修煉的最高層次，是從有為狀態進入到無為狀態，以外藥來配合內

藥。外藥由宇宙造化而生，內藥則是在自己身中而產。內藥是精，外藥是氣；內藥養性，外藥立命。因此，要以清靜為體，鎮定為基，天心為主，元神為用，巧使盜機，返還天真，歸根覆命。

三、侯氏太極拳內功修煉方法概述

1. 侯氏太極拳三合一修煉方法

侯氏太極拳以繼承張三豐祖師原創之拳架、打手、內功三合為一的太極拳而聞名於世，以此三合一修煉方法來修煉太極拳內功。

首先，要以拳架修煉為入手功夫，修煉身形，做到外三合，即「手與腳合，肘與膝合，肩與胯合」，逐步達到肢體靈活、氣血通暢、運動平衡、全身協調、紮實穩固的目的，使身體由散亂、僵硬狀態修煉到整合、凝聚、相合、相隨和柔順的狀態，使心意逐漸能控制自己的身、氣、意等諸要素。

然後，以打手訓練方法為後續，逐步使身體各部分更加協調，使身體及動作能被自身意識來準確控制，而不是被外界環境所調動，達到靈敏聽勁、以外調內、內外協調、動態平衡穩定的目的。因為要達到隨心所欲、自由自在的身心是非常困難的，若只是靠練習拳架，則極不容易改變我們身心的頑固積習。

　　張三豐祖師發明的「太極拳打手法」，由引入外部刺激的方法，從改變我們身體上的僵力開始，逐漸改變我們身心的後天習慣，最終使我們達到身心的統一，使我們的身心在不利環境中得到錘煉。

　　最後再以拳架單勢和套路來修行太極拳功。太極拳功不在外形本身，而是在心意的功夫。太極拳功修煉的過程始終是以心意為主宰的主動過程，透過練身形、調氣血、修神意，使心意、內氣和身形完全統一，達到高度的融合，合為渾圓為一的太極狀態，由此達到太極拳功修煉的較高層次。

2. 侯氏太極圓樁功為進階功法

　　侯氏太極圓樁功以保養臟腑元氣為首要目的，促進臟氣的順利產生和通行，保證內臟活動有元氣的圓滿支持。修煉者以圓滿而混一的圓樁，收斂散亂在身體各處的氣，收斂被外界環境牽引而隨波逐流的神意，將其凝合一起，以心意調動，向丹田命根彙聚，最終修煉至精滿氣足，生生不息，使精、氣、神、形和合為太極，是為身心合一，返璞歸真。

3. 侯氏太極丹功為高級功法

　　伏羲、黃帝、老子、宓子、魏伯陽、呂洞賓、陳搏、張三豐一脈相傳的太極丹功修煉大道，是中華太極文化的瑰寶，是認識人的生命和心靈本質的法寶。

　　宇宙生命之道是由虛無世界產生太極形式的混元物質，再分陰陽二質，由陰陽氤氳化生現實世界的萬事萬物，萬事萬物最後消亡再回歸虛無世界，人的生命之道也是如此。

　　但這條大道是能夠回返的，與上述人的個體生命繁衍之道相反，歷代相繼承的太極丹功正可以「返璞歸真」，由練形體、養內氣、調神意而進一步控制體內的元氣、元神和元精進行聚合，最終化生為生命的初始物質「內丹」，也就是「太極」，這就是內丹功。

　　在結「內丹」的基礎上，再尋配宇宙生命之大藥，內外相合而結成「金丹」，從而煥發生命的青春，與太極大道相合。

　　呂洞賓祖師說：「養氣忘言守，降心為不為，動靜知宗祖，無事更尋誰。真常須應物，應物要不迷，不迷性自住，性住氣自回。氣回丹自結，壺中配坎離，陰陽生反覆，普化一聲雷。白雲朝頂上，甘露灑須彌，自飲長生酒，逍遙誰得知。潛聽無弦曲，明通造化機，都來二十句，端的上天梯。」（《呂祖百字碑》）

　　把太極丹功大道作了完整的描述，為所有修煉者指明了方向。

第二章
侯氏太極拳功

有些人總以為太極拳和太極內功是兩件事情，殊不知太極拳是修煉太極內功的直接載體和重要方法之一，是太極內功體系中的首要環節。張三豐祖師將原本屬於武術的拳術改造成為能夠用以修煉太極內功的太極拳，使拳架、打手、內功三合為一，是希望所有人習練太極拳而進入太極內功修煉之大道。

太極拳儘管和武術有歷史和形式上的關聯，但它卻不是武術，它具有有別於其他各種拳術訓練的特殊修煉方法和規律，是不同於各種武打拳術的太極內煉功夫，是進入太極內功修煉的門徑。

一、意義和作用

修煉太極拳功，可收斂一身之氣，使心意、內氣、身形三合為一，由此去除疾病，達身心健康之效果。修煉太極拳功，可由懂勁而感悟自身陰陽狀態，把握陰陽變化之機，進一步體會事物陰陽之變化，悟解天地陰陽之變化，掌握由有形去感無形之方法，從而進入玄門而探先天精氣神莫測之蹤跡，並對宇宙生命大道有所認識

和理解，由此進入回歸生命本源之道。

1. 拳行內功，三位一體

侯氏太極拳是修行太極內功的首要載體，其外在形態表現為拳架，其修煉方法分為兩端，一是由外促內，即透過走架和打手來調動內氣，使拳架、內氣和意念逐漸和合。另一是以內領內，即將意念時刻主動貫穿在拳架之中，由意念統領內氣，而逐漸使意念和內氣合為統一。所以，拳架是修行太極內功的一種基本形式，打手是修行太極內功的一種特殊方法，拳架、打手和太極內功的修煉方式共同構成太極內功行功的要素，是為三合一承架修煉體系。

2. 調理氣血，平衡內外

全身的健康狀態可以用氣血的運行及狀態來測定和表示。氣是動力和能量的代表，推動以血液為主體的體液的運行，為小到細胞、大到器官的身體內部運營提供營養、運營動力和運營環境保護。身體如果產生疾病，首先是氣的運行受到擾亂，若沒有及時恢復正常運行，就會進一步使氣在某部位產生更大的阻滯而不通暢，從而導致氣血不和，由輕微逐漸嚴重，並連帶血的運行也出現障礙，造成血瘀，時間一長，最終形成器質性損壞，重病而不易醫治。

侯氏太極拳功首先在於調氣，使我們能及時疏通經

絡，對最初形成的氣滯狀態可及時解決，對於嚴重的氣滯血瘀狀態能不斷改善，最終使氣血的運營回到正常狀態，並使身體的陰陽狀態達到平衡，從而保證了健康。

有一些疾病是由於身體內外不協調所造成，實際也是因為身體中的氣血運行已不太正常，內外相互反應發生阻塞，透過侯氏太極拳內功對氣血運行狀態的調理，逐漸使身體內外能夠相互呼應，達到平衡。

由於調理了氣血，內氣可正常升降出入，則就進一步增強了身體對外界的敏感力和反應能力，也提高了對疾病因素的抵制能力，使我們抱太極而協調陰陽，理氣血而平衡內外。

3. 凝聚能量，去除散漫

在還沒有經過侯氏太極拳功鍛鍊時，我們的身形處於散亂狀態，渾身上下左右都相互不協調、不統一，內氣散佈在全身各處，沒有統帥，對外做事情，有時是心意能達而身形卻不到，有時連心意都無法集中，這是由於內氣能量因散漫無法聚集而導致不足或不夠用所致。

在經過一段時間持續的侯氏太極拳功鍛鍊後，內氣逐漸可凝聚集中，收發逐漸自如，直至可隨心意而隨時調動，在心意的統領指揮下，內氣不散漫，身形不散亂，心意要集中就可集中，要守一就可守一，還可從容應對外部各種緊急事情，內氣能集中發放而用在一處，取得最大的外應效果，並且可隨時按心意統一收回或重

新進行布屬，這樣，依靠心意而使內氣凝聚和合，保有最佳身心狀態。

4. 協調陰陽，身心合一

身體是修煉內功的根本，心意是回歸太極的統領。在身心這個層次，身體性質屬陰，心意性質屬陽，如果這個陰陽不協調，就無法合為一體而統為太極，心意散漫則無法修煉，所以，侯氏太極拳功修煉首先要正心誠意，使其逐漸向一處聚合，在使常易飄揚的心意歸攏的前提下，再發揮其靈動之性，這樣的心意則有所屬，從而向身體的重要竅位用功，逐漸使身體之陰向心意之陽靠攏，久而久之，身心這對陰陽就會協調一致，最終和合為太極之一體。

5. 收斂心神，保養精氣

後天之神是為心神，它由心火的能量來支持，其特點是容易受到外部的干擾而不鎮定，極易飄散而損失。使用侯氏太極拳功動中求靜方法的長期修煉，則可對心神達到隨心意而控制的目的，從而可使心神時刻收斂而不外散，一方面可使我們在日常運動狀態中能保持心神的鎮定，甚至在外應的緊急情況下也能保持心神穩定而不慌亂；另一方面也使心火的能量不致大量損失，這樣也間接保證了腎水精氣不致損耗。

心火和腎水是相互依賴的後天陰陽的兩方面，收斂

心神則保證兩者不分離，使身體陰陽平衡，既不妄損能量，又不使精氣流失。

人的精氣和骨髓是相連相通的，精氣的損失也就是骨髓的損失，從而造成骨質失養，骨骼系統就會萎縮而失去堅固。精氣的損失也同時造成腎水的枯竭，使細胞的含水量減少，人的肌肉器官等都會乾澀枯萎，關節也失去潤滑能力，電解質也無法悠游從容活動，神經遞質也反應遲緩，記憶和思維力衰弱不堪，衰老逐漸顯現。隨著精氣的損失，心火也與精氣漸行漸遠，最終陰陽離絕，生命活力終止。侯氏太極拳功則收斂心神，從而保養精氣，使水火相合，腎水足，精氣旺，身心健康。

6. 順應自然，天人相和

侯氏太極拳修煉自有其規律，這個規律就是自然和生命的規律。我們的身心是自然的一部分，透過太極拳功的修煉，使其減少直至去除違反自然生命規律的妄行和妄動，而真正順應符合自然生命規律。

天地自然有時日年月的循環運行規律，每個人的身心狀態也隨著這個運行規律而變化運行，侯氏太極拳功的修煉也完全符合這一運行規律，從而達成順應自然的目標。比如一年四季的生長收藏規律，一月中也是這個規律，一日中也同樣是這個規律，我們在修煉中就要遵循這一規律而不違反它。只有順應自然規律，我們身體五臟氣血的運行才不會紊亂，才能與天地自然相和，進

而保有健康的生命力。

二、修煉方法

1. 正心誠意，全心全意（練心）

修煉侯氏太極拳功首先要正心誠意，樹立信心、誠心、敬心、恒心和虛心。沒有修煉出這五正心，就無法修煉成真正的太極拳功。有些人之所以會半途而廢，就是因為沒有解決好思想認識問題，從而導致修煉失敗。

（1）信 心

為何要修煉侯氏太極拳功，應先清楚我們身體健康的條件和影響因素。身體健康依賴兩方面，一是能量和營養供應適當；二是以氣血調和為核心的身體內部陰陽平衡及身體內外交換的協調和通暢。如果因生活方式不符合自然規律以及情志因素等而導致氣滯血瘀，並裹挾病理產物而為害身心，一是會破壞能量及營養的供應通道；二是會打破體內陰陽平衡並阻礙與外部的交換和協調；三則會大量佔用並消耗正氣和能量。

侯氏太極拳功則能使修煉者學會正確調整生活方式，並學會穩定情志而瀟灑自在，透過天天不懈的不斷修煉，由此打破身體中氣滯血瘀的狀態，健旺陽氣，穩固陰精，最終袪除疾病而恢復健康。

張三豐祖師及其各代正傳門人就是以三合一太極拳

功為基礎而修煉，保有了身心的健康。他們獲得的健康
與長壽，是我們修習侯氏太極拳功的信心源泉。

　　張三豐太極拳內功融合了儒、釋、道三家理論及功
夫的精髓和精華，是中華太極文化集大成的實踐成果，
在世界文明發展中佔有重要的地位。真正學好張三豐太
極拳內功，是我們當代人發揚並發展中華太極文化的特
殊使命，具有世界文化的普遍意義。

（2）誠 心

　　誠心是我們修煉太極拳內功成功的重要保證，也是
我們要達到身心修煉大道的前提。理想的事業要達到成
功，就必須待之以「誠」，就如三藏法師不到西天絕不
東歸一步的誠心；三心二意只會自取其敗，也永遠無法
獲得真脈正傳。張三豐祖師當年決意學道，誓不回頭，
千辛萬苦，最終得以修成太極金丹，了得大道。

　　對修煉侯氏太極拳功待以至誠之心，對傳承張三豐
太極大道給以至誠之意，百層高樓，始於足下，太極深
功，源於誠心。

（3）敬 心

　　修煉侯氏太極拳功要有恭敬之心，對太極大道恭
敬，對天地萬物恭敬，對自然真理恭敬，對太極祖宗恭
敬，對傳授給我們太極真經的老師恭敬，對一切幫助我
們的朋友恭敬，發自內心，敬心誠意，這樣就可以開始
修煉太極拳功了，有此敬心，無往不利。

(4)恒 心

自然界萬物和我們人類的身體，其內外組織都是一個穩態系統，其生存狀態不論是健康還是疾病，都有一個很大的慣性，不能適應劇烈環境變化，改變他的狀態需有一個較緩慢的過程，我們首先要認識到這個自然規律。所以修煉太極拳功也不是一蹴可幾，因此需要分析自己的現狀，釐清楚太極拳的本質和修煉過程及方法，確立修煉目標，然後堅持，一步一個腳印踏實地向目標靠攏。這是一個需要較長時間的努力過程。

修煉太極拳功是逆水行舟，想不花時間、不費心力和體力、輕輕鬆鬆得到它是不可能的，因而需要我們經常克服懶惰心態，積極面對人生逆境，有此堅定的恒心，就沒有過不去的難關。

(5)虛 心

太極大道本身是為虛空，所以就需要我們不斷修煉，由實變虛，以我們身心的虛空來貼近太極大道的虛空本性，最終融入太極大道。我們的心意因為歷代遺傳和後天養成的身心習慣，裝載了太多的負面心理負擔和違反自然的身心運轉方式，造成了我們的心不虛，所以要由修煉侯氏太極拳功，逐漸使我們變成虛心。有了虛心，陽氣就能彙聚；有了虛心，氣血就易通暢；有了虛心，我們看待萬事萬物就會平等，就會包容。虛心使陽聚合，虛心使陰流暢。虛後天之心，就可進先天之太極大道。

2. 謹守時辰，符合自然（練時）

在自然和事物的陰陽變化上，有一個確定的時間週期規律，那就是日、月、年及更長週期的時間規律，侯氏太極拳功的修煉就要嚴格按照這個自然時序規律來進行。

(1)日修煉規律和要義

在一天當中，陽氣在半夜子時（23點至1點）生起，到早晨卯時（5點至7點）陽氣開始發達，到中午午時（11點至13點）陽氣達到最大量，到傍晚酉時（17點至19點）陽氣收斂，已經減少一半，到子時陽氣就已全部收回保藏，又準備開始下一天的陽氣輪轉巡迴。

侯氏太極拳功的日修煉規律是一天三次，分別在早晨卯時、中午午時和傍晚酉時，符合自然陽升陰降的規律。

早晨6點左右，太陽初升地平線，自然的陽氣開始發達，身體中的陽氣也開始輸送全身，我們藉由太極拳功使身體順應自然的陰陽變化，幫助陽氣到達全身每一處，其表現就是渾身上下微微汗出，腳指和手指均熱氣透達。做到這種狀態，不是盲目加大運動量，而是以心意貫穿到骨髓當中，從內裡驅動陽氣向外發送，此為侯氏太極拳的卯時洗髓之功，是早晨太極拳功的修煉心要。早晨陽氣還不算強，它的運行和透達能力還不夠，由我們洗髓之功，幫助陽氣在身體中的發達。

千萬不能採用超速、超負荷、超時間的過量運動，否則會使陽氣被迫突然放大，就會破壞陽氣生發的自然

規律，不但會造成陽氣無端的損失，還會破壞身體生發陽氣的器官機能甚至器官本身。

中午12點左右，太陽居天穹之中位，自然的陽氣達到最大，身體中的陽氣已經遍佈全身，陽氣數量為一天中的極致，氣血的活動此時最為旺盛，我們順應自然和身體的最大陽氣，以太極拳功使氣血彙聚在骨骼，達到養骨和強骨的目的，對年輕人是促進其骨骼的發育和成長，對年老人是幫助其恢復骨質的強度和柔韌度，阻止其骨質重要成分的流失，不斷補充營養成分，從而逐漸修復骨質疏鬆的狀況。所以在午時煉太極拳功，目的是要養骨和煉骨，對骨力強者更加強之，對骨力弱者則逐漸強之。此時太極拳功的練法是使心意收斂入骨，使氣在骨骼中節節貫穿，心意主導氣血灌注到渾身百骸，以應天時，是為侯氏太極拳的午時練骨之功。

傍晚18點左右，太陽正要落下地平線，身體的陽氣也將處在回收的大勢中，氣血的活動度逐漸減低，我們這時要符合這一規律來修煉太極拳功，利用剩餘陽氣做柔順為主的鍛鍊，打通經絡中可能的阻塞，輔助陽氣順利收斂。經絡是由筋脈和筋膜組織所構成，它是陽氣運行的通道，此時練功要使用較細密和柔弱的意念灌注在筋脈到筋膜之中，使筋脈和筋膜張弛有度，由意念的柔順和拔長，使經絡體系得到修煉，促進陽氣順利收斂，為進一步涵養精氣打下基礎，這就是侯氏太極拳的酉時練筋之功。

夜晚，陽氣處在回收狀態，陽氣的數量較少，此時以養陽氣和精氣為修煉要義，不能採用太極拳動功方式，以靜坐為修煉手段，在子時之前為養氣，在子時中則為養精而得一陽，在子時之後為培氣，不可亂動而擾亂陽氣的休養生息。

前三個時段的太極拳功的修煉都要在吃飯之前，不能吃飽了飯再去鍛鍊，因為消化飲食要耗用大量的陽氣，此時修煉不但沒有什麼練功效果，還會干擾、損害脾胃的消化功能，長此以往則會導致脾胃疾病甚至是肝膽疾病。

(2)月修煉規律和要義

月球對地球和人類的影響主要體現在陰質的方面，例如潮汐，也會對我們身體中的血液和津液運行產生週期性的影響。在月晦和月圓前後，血液運行活動度增加，身體為達到陰陽平衡，會調動更多的陽氣去輔助並制約血行，從而造成身體其他部位和器官的陽氣不足。因此，在修煉太極拳功時，逢這樣的時間就要適當減少動功而增加靜功，更以心意灌注於內，動中求靜，以守氣和養氣為要，以適應月相的變化。

(3)年修煉規律和要義

太陽照射地球南北半球的角度的週期性改變形成了年的時間節律。五天為一候，產生一個小氣候變化；三候為一節，是為節氣，產生一個較大氣候變化；六節為一季，是為大節，有春夏秋冬的明顯氣候區分；四季為一年，成為一個年週期。由於太陽照射量不同而造成陽氣的

改變，形成了一個千古不變的春生、夏長、秋收和冬藏的圓周變化規律，自然的這種規律完全左右了人類的生活和習慣，同樣，太極拳功的修煉也要符合這個自然規律。

春季陽氣漸長，萬物生發，練功則以舒暢經絡、促進陽氣生發為要義，使以肝臟為核心的生發氣血、彙聚升陽的功能得到調和與培養。此時意念要靈動活潑，從內向外，暢通不澀，使陽氣得生。

夏季陽氣充盛，身體氣血長旺，練功則以輕靈順隨、促進內外陰陽通暢和平衡為要義，使以心臟為核心的運轉氣血、平衡陰陽的功能得到保護。此時意念要平穩柔和，不急不躁，收發自如，使陽氣得養。

秋季陽氣漸收，天地肅蕭，練功則以收斂神氣、促進氣運回收為要義，使以肺臟為核心的收斂氣血、協調內外的功能得到養護。此時意念要聚合神氣，從外向內，斂入筋脈，使陽氣得收。

冬季陽氣潛藏，天冷地寒，練功則以安靜緩動、促進陽氣密藏為要義，不能冒寒冷、出大汗、過分活動，要使以腎臟為核心的收藏精氣、凝聚養陽的功能得到愛護，否則會擾動陽氣、破壞潛藏，失去生存的根本。此時意念要凝聚伏匿，收斂入骨，蹇澀不揚，使陽氣得藏。

3. 放鬆自己，告別僵硬（練形）

侯氏太極拳功的初級功就是放鬆功夫，放鬆的結果

就是柔和順隨。只有練好了這個初級功，才能釐清並協調好行功中鬆與緊的相輔相成和陰陽統一關係，才能再進一步做到收發自如。

人類從出生後進入到後天生命運行狀態，就逐漸適應外界影響而使陽氣去應對它，久而久之，自身對陽氣的出入已無辨別，乘年輕氣盛而肆意揮霍陽氣，在受到外界干擾和影響時，臟腑、經絡、筋脈自動處於緊張狀態而無自我察覺，緊張則造成筋脈和肌肉的僵硬，氣血便受到阻塞，外界的小影響、小擾動帶來小緊張，外界的大影響、大擾動帶來大緊張，長此以往，經絡和脈道緊束，造成氣滯血瘀或者生成痰瘀，氣血失於供應，則身體更加僵直和脆弱，直至疾病纏身、身心痛苦而最終無奈走人。

侯氏太極拳功首先注重心靈輕鬆，先放在沒有壓力的環境中，感覺和體會身體中的氣運血行、鬆緊狀態，處處監察，觀察還有哪裡沒有放鬆，就用心意去主動放鬆它。侯氏傳承三豐祖師的秘訣是：首先使心意深入頭腦，舒鬆大腦，這是全身放鬆的總開關，隨時隨刻要關注它；其次使心意深入臍腹，察臍穴上下，將氣感送入臍下海底；再次使心意下探湧泉，通達地氣，以踵呼吸，從而徹底使全身放鬆。久而久之，熟而順達，自然而然，鬆靜自來，僵硬自去。

然後在太極拳功的動態中再按上述秘訣不斷地檢查自身，再後以打手方式引入外界干擾，在此情況下仍不

斷感受僵硬之處，務使時時放鬆，處處放鬆，用心意不斷破除僵硬點。如果經此修煉，能做到無論在何狀態下都能保持身體放鬆、柔和、順隨，那麼就達到了多少人夢寐以求的太極鬆功。這雖然只是初級功夫，但進一步掌握高深功夫的大門就為你敞開了。

4. 分別虛實，沉墜生根（練根）

根是草本植物生長的基本，透過根將營養和水分輸送到軀幹和枝葉，根越深，其生命力就越頑強，越能抵禦不利環境的干擾。太極拳修煉也要像大樹之深根一樣，生出我們自身的根。一是生形體之根，使我們能在任何外力的侵襲下不跌倒；二是生心意之根，使我們心神收斂統一而不散亂；三是生生命之根，使我們能保有旺盛的精氣而不衰餒。

生根的修煉方法就是要把握虛與實、鬆與緊在自身上下、內外的分配關係，用單勢訓練模擬外應形勢，用套路走架類比連續狀態。

(1)形體之根

生靜根：以拳架某勢為定式，刻意安排虛實關係，在一個時段內保持定式。要訣是「上虛下實，前虛後實，身感沉墜，心意下落，不動不搖，穩重堅持」。

生動根：以拳架各勢單獨修煉，動中求根。意念上想像外力從何處來、相互在哪個位置接觸、力量有多大、速度有多大，然後將著力點的感應傳遞到腰部及相

關各部位，以此來變換兩腿的虛實、變換各三節的虛實。然後，以打手形式反覆體會和驗證，最終做到在遭遇各種外力的任何瞬間，都能隨時調整全身上下左右各處的虛實關係，始終保持穩定而不跌倒，由此而成形體之根。

（2）心意之根

在侯氏太極拳功修煉之前，我們的心意處在散亂狀態，隨波逐流，漂浮不定，沒有根本。侯氏太極拳功要求時時收斂心意，以此收斂的心意專注在每一時刻的營衛之氣，專注在以氣布運的形體肢節。長此以往，修煉不輟，則心意、營衛之氣和形體肢節就成了一個整體，心意就集中了，不漂浮亂跑了。在此基礎上，再將心意不斷沉潛，與丹田和命門元氣相合，則就生出了心意之根，就為進一步修煉太極內丹功奠定了基礎。

（3）生命之根

後天生命的根本在於命底精氣的保護，陽氣是否旺盛、神氣是否靈動，都取決精氣是否盈滿。精氣損耗的根源在兩處，一是臟腑陽氣和神氣的損耗，一是生殖精液的損耗，我們由緊張的外應而導致神氣及臟腑陽氣的嚴重損失，是生命精氣的主要損失方式。

要保住後天精氣根本，則要擅用侯氏太極拳功修煉動中求靜的功夫，用套路連貫方式，在動作中凝神靜心，將陽氣儘量潛藏而不外發，最終達到虛心藏神沉墜命底的收斂效果。然後將侯氏太極拳功用在日常生活和工作之中，以生活、工作環境作為練功背景，不急不

躁，收心斂志，動中求靜，在不需要陽氣和神氣支出時要時刻保護不失；在需要支出時，外用結束則要即刻回復太極潛藏狀態。久而久之，習練醇熟，成為習慣和自然，則終得生命之根。

5. 神形合一，意虛神靈（煉神）

神就是以資訊接收、傳遞、處理、輸出和協調為過程的生命本質，萬物皆有神，但人的神較高級且較複雜，包括中樞神經系統的反應和自主調節、思維和語言、情感等思想情志內容，等等。神可以分為內神和外神兩部分。內神具有生命的基礎性，掌管生命系統的維持、運轉和協調，它是自主成立和自主維護的，在我們不意識的情況下也能自我維持和運行。外神是建立在內神基礎上的，負責處理外界環境和我們的關係，表現為資訊接收、行為驅動、思維和情志活動等，其中有一些是有意識的，一些是潛意識的，一些是無意識的。有意識的部分通常也稱為識神。神的活動其能量是心臟和肝臟所供應的陽氣，其物質基礎是大腦和中樞神經系統。

為什麼要煉神呢？人處在社會當中，思想和行為是不自覺的，是隨波逐流的，是被外界環境所左右的，這叫做「人在江湖，身不由己」，實際上不是不由己，而是沒有自覺或者說是沒有覺悟罷了。人在這種不自覺的狀態下，身心的能量甚至是元氣都大量地被思維和情志、情感等外神內容所佔用，造成內神的能量供給不足，即使因為情志

等因素造成氣滯血瘀狀態，內神既不能糾正，也無法報警，待病重疼痛或難受時，也就難以醫治而不易恢復健康。而且內神沒有足夠能量的滋養，就不能與身心合為一體，人的反應能力、應變能力等就逐漸變得微弱，最終不能協調身心並維持生命運行，導致神形離絕，撒手人寰。

　　侯氏太極拳功的修煉可調節內神和外神所分配的能量，使外神佔用的能量大量減少，內神供應的能量逐漸增強，從而可使神形合一，以神統合整個身心，生命旺盛，身體健康。如果有外神的應用，也能集中能量，順利出擊，靈活圓滿。

　　侯氏太極拳功的煉神要訣：貫注身心，排除外擾，靜心虛意，合氣凝神，逐日積累，功成自然。練功時以某定勢為靜功基礎，忘卻外部環境，意識趨向體內，在丹田和命門凝聚，堅持不懈，不離不棄，神凝則氣固，氣聚則神靈，久而久之，識神退位，內神優先，全身經絡通暢，氣順血行，容不得一絲阻滯，內照的功夫逐漸醇熟，最終達成神形合一、神靈命活的境界。

　　長期堅持認真練習侯氏太極拳功，則進入「恬淡虛無，真氣從之」的養神境界，在天人合一的修煉中，即會對以往各種不良資訊或精神刺激進行排除與過濾，使自己逐漸進入最佳生理精神狀態，大腦及中樞神經系統都會處在功能協調的良性自我保護狀態，各種內分泌自動會達到協調和適中。隨著修煉水準的提高，也會逐漸把這種身心狀態帶進日常生活和工作之中，做到時時處

處心平氣和，精力充沛，胸懷曠達，遇事不慌不亂，從
肉體到精神，從生理到心理都得到了徹底的改造，從而
保有了強健身體，達到了益壽延年的良好效果。

三、分勢解說

1. 預備勢

＜釋 義＞

本勢也稱太極勢，稱預備勢是對演練整套拳架而言
的。太極勢的狀態是混沌一片，生機即將啟動。太極就
是元，就是一，它是宇宙生命生發的根源，儘管人處在
發散的狀態，但以心意去體會、感悟太極的存在。在人
體現實當中，精、氣、神時時處在相循環的狀態，我們
通過靜心和意念調控的方法，使精少轉化些氣和神而少
受損失，使這個轉化逐漸減弱，而促進神歸氣、氣歸
精，以此體會宇宙萬化向太極的回歸，此為抱元守一。

王宗岳先師說：「神舒體靜，刻刻在心。」就是指
這個調控的方法。呂洞賓祖師說：「養氣忘言守，降心
為不為。」這是講的具體操作方法，摒棄一切外界和自
己內心的干擾，全心全意抱守元一，而不為任何事情所
分心，這就是初始練功中的無為。

＜動 作＞

身體中正，兩腳分開如肩寬，兩手放在兩胯處（圖

2-1）。

圖2-1

<心 法>

抱一不懈，凝聚在中，滾滾紅塵，猶如虛空。

<練 法>

(1)練 形

①腿腳：兩腿自然站立，膝蓋部位不彎曲，兩腳自然分開，兩腳間距離適意，以不吃力、不感到彆扭為準。

②身體：脊柱既不前後傾斜，也不左右傾斜，腰部不能彎曲，腹部也不向前突出，胸部不向前挺突。其他各勢都要按此要求。

③頭部：既不低頭，也不仰頭，要使百會穴至會陰穴的這個軸線與大地始終垂直。其他各勢都要按此要求。

④手臂：兩肩自然垂落，不感到吃力，兩手分別放在小腹的兩邊，像抱住了小腹。

(2)練 意

①從頭向腳檢查身體各部位，使其放鬆不用力，尤其是使大腦皮層的筋膜放鬆，這是全身放鬆的總開關。

②想像宇宙虛空之玄元真氣進入百會穴，然後下降至肚臍下小腹部。

③意念停在小腹部，保守真氣不散，使意念與此真氣相融相合。

作為套路練習的起始，是為預備勢，可保持守一靜態1~3分鐘，使身心進入放鬆和凝聚的狀態，為後續拳勢的練習奠定基礎；若是作為單勢練習，則為抱元守一，神氣內斂，可練30分鐘或更長時間，在身心進入放鬆和凝聚的狀態後，逐步進入忘我狀態，此單勢靜態練習適於午功和晚功。

2. 起 勢

＜釋 義＞

起勢也叫陰陽勢或開合勢，起是「興起」的意思，不論是在單勢還是在套路中，都表現出了以靜觸動的開始形態，故稱起勢。在宇宙生命系統的循環中，它將反覆出現：大到宇宙整體，宇宙的凝縮已經到了盡頭，突然開始膨脹；小到人體局部，心臟收縮到了盡頭，開始舒張；呼氣到了盡頭，開始吸氣；中到太陽地球的運轉關係，冬季到了冬至，一陽來復；一天到了深夜子時，陽氣萌生。讓你在起勢中體會宇宙將要生發的那一瞬間，氣息是怎樣啟動的，是怎樣開始流布的。

起勢中既包含了「興起」，也包含了「流布」，還包括了「回歸」，是一個完整的循環。

＜動 作＞

重心移至左腿，右腳微右轉後，重心則移至右腿。同時，兩臂向外向上旋轉抬起，掌心向上。然後，左腳上步。兩手繼續向上旋轉舉起，掌心相對。重心前移至

圖2–2　　　　　　　　圖2–3　　　　　　　　圖2–4

左腿，右腳上步與左腳平齊，中正站立。雙手自然落至
兩胯處（圖2–2～圖2–4）。

〈心法〉

動靜由心，開合使氣，通徹上下，擎天闢地。

〈練法〉

（1）練形

①轉身並兩臂畫圓張開時，身體要保持正直，不要
向後仰身或向左右歪斜。

②頭容正直，頭頂似有線繩向上牽引，使頸椎、胸
椎、腰椎和骶椎皆成拔長放鬆之態。

③兩胯放鬆，重心靈活轉換至右腿，並在右腿重心
穩固的前提下，左腿輕靈向前進步。重心從左腿轉換至
右腿，有圓活輕盈之意。

④兩臂相對打開運轉，有包含宇宙虛空之意，似將宇宙之氣收納到我的腹中氣海。也有雙手上舉如盤古開天地之意，鴻蒙一氣靈動無限，天地宇宙清濁頓開之勢。

(2)練 意

打手意念：

①若對方用雙手拿我手臂時，我則以左腿為重心，身體和手臂向右轉動，牽引對方勢力。

②以右腿為重心，身體向左轉回。雙臂具有向上合勁之意，將對方拔根發出，然後再以雙手擊其面門。

行氣意念：

①內氣從小腹部向兩腿貫注，直至兩腳掌的湧泉穴，而與地氣相接。

②內氣由命門穴沿督脈上行至脊背。

③內氣使兩胯引重心向左腿轉換，右腳為虛步向右外擺，使身體微右轉。同時，內氣至兩臂，並使意念貫注拇指和食指，以此牽引兩臂隨腿腳及身體的轉動而旋臂打開至身體兩側。

④內氣調動兩胯轉換重心至右腿，右膝微屈，然後催動左腿向前方邁步。同時，意念貫注兩臂前側，使兩臂向上抬起，似有千鈞之力。

⑤內氣灌注右腿，從右腳湧泉穴發動，蹬右腳，展右膝，使重心轉換到前出之左腿，然後右腿上步使兩腳平齊，兩腳之間距自然。同時，兩臂繼續向上抬舉至頭部兩側，掌心向前。

⑥以兩臂下落為導引，內氣從四肢、頭部等各處回歸小腹部下丹田，從動態返回到靜態，歸抱元守一之太極勢。

起勢是之後所有招勢運行的一個代表式，從抱元守一的太極狀態，因應對外部環境的變化而將一氣化為陰陽兩式，經由陰陽兩式的轉換，使真氣通行於身體各部，洗滌骨髓，匹配臟腑，通暢經道和脈絡，並與天氣及地氣相互交通，從而平衡並消除外環境對我的不利影響，然後合陰陽、收氣運而返太極元初。

在單勢練習中，要透過行拳的速度控制，來達到心意、真氣和行動的匹配及統一，務必做到心使氣、氣運身，身勢開合、虛實、進退皆便利從心。在套路練習中，起勢控制著整套拳架運行的節奏，要認真體會其中前後的關係。

3. 金 剛

＜釋 義＞

金是五行之一，其性質為剛，金剛則可指永不改變性質而最為堅強不壞的物體，後來用來比喻精進勇猛練功以突破各種艱難險阻的精神，並用以稱謂堅定不移的練功者，這樣的練功者最終會獲得通天徹地、力大無窮的本領，如釋迦牟尼佛祖的護法羅漢就被稱為金剛。

使用金剛作為出手第一勢的名稱，三豐祖師大有深意，是直指修煉之根本。

一是借金剛之意描述太極的外在表現具有堅強不壞的一種性質；

二是借釋迦牟尼佛祖的護法金剛之形象來意會這一勢練功的意境和狀態，就是達到太極的狀態，則內含無為，外應不迷，心無外心，只有本意，氣隨意轉，動若大河，不受外界干擾而通天徹地，勢不可擋；

三是希望弟子們以金剛之精神克服練功中的一切困難，最終達到較高的成就。

＜動 作＞

左腳向前邁出，兩臂順勢向上抬起出，左手在前，右手在後。然後身體向右轉90度，雙腳也隨身體而轉動。同時，雙手順上之勢在胸前順時針畫圓，雙掌在身前變為陰陽掌，左掌心朝上，右掌心朝下，兩掌相距一尺。然後身體向左回轉90度成弓步。同時，右掌向下、左掌向上順時針畫圈，成為左掌在上、在前，右掌在下、在後，相距仍為一尺。隨後右腳上前與左腳平齊，兩掌一上一下向前按出。接著，左掌向後向下收至身前，右掌向前向上托起。然後，左掌變為掌心向上，右掌變拳下落，落於左掌中（圖2–5～圖2–10）。

＜心 法＞

陰陽二氣，統轄全域，相互由心，金剛念力。

＜練 法＞

(1)練形

①出左腿向前時，以右腿為重心，左腳輕靈落步，

圖2-5　　　　　　　圖2-6　　　　　　　圖2-7

圖2-8　　　　　　　圖2-9　　　　　　　圖2-10

身體不前撲，行動沉著不慌張。

　②身體始終要挺直，不彎腰，不塌背，頭頂似有線繩向上牽引，脊椎自然放鬆拔長。

③兩臂之間以及兩臂與前胸之間虛空、包含和圓滿，不聳肩，不抬肘，兩臂自然沉墜。尤其是在右轉身成馬步時，身體不能弓身，兩肘不能抬起。

④腰胯不能僵硬，要放鬆，重心轉換、身體轉動等運動皆依賴鬆活之腰胯。

⑤兩膝在第一個圓轉運動中要有自然微屈，以利轉換和平衡。在搬攔捶中，膝部直起不用彎曲。

(2)練 意

打手意念：

①若對方用右拳向我擊來，我則以右腿為重心，左腿向前邁出，配合上抬之雙臂以虛迎敵，然後順對方的來勢，以腰為軸，向右側轉動以牽引對方的勢力。

②在對方勢力將盡時，我則以腰胯和脊背的合勁，控制對方的右臂，旋轉返回將對方發出。

③若對方以右手抓我的左手或左腕時，我則將重心轉換到右腿。同時，左手在胸前向後下方牽引其手臂，而右手向上托其右臂，反其肘關節。重心再轉換到左腿，順其勢力將其向我右側身後扔出。

行氣意念：

①抱元守一，渾然一氣，意念守下丹田，似有似無，暢暢快快，頭頂百會穴和天氣相接，腳底湧泉穴與地氣相連，上下貫通，沒有任何阻滯，心中無任何牽掛。

②應外之變，心意甫動，調重心至右腳掌心，從下

丹田降氣至右腿，稍行屈膝，向下沉墜，以為生根。然後心意導氣從命門順督脈向上，使脊柱上拔。

③凝神在根，然後左腳前出。同時，氣至兩臂，兩臂守中線向上抬起。

④意念在兩胯，調整重心，使身體繞中軸右轉（中軸即百會至會陰這一中線，該中線垂直於地面），然後再往返向左回轉。兩臂隨身體轉動而做上下螺旋運轉，使氣貫通手掌。

⑤右腳上步，然後以左腿為重心，以氣運兩臂做上下相對的螺旋運動；同時氣沿督脈使脊柱上下對拉拔長。

⑥當右手變拳落到左掌，神氣內斂，所有內氣全部導回下丹田，渾然一氣，抱元守一，似不壞之金剛。

初學練時，以單勢慢練為要，比如一分鐘做完整一勢。當此時，心意要保持集中而不分散，動作要接續連貫而不停頓，氣也就處在凝聚而不散亂的狀態，長此以往忽到某日，則該勢的運轉就隨心所欲，悠悠揚揚，輕巧自在，不動而動，不靜而靜。在此中體會意、氣、動、靜之相互關係。

4. 攔紮衣

<釋義>

「攔」是「攔擋、遮攔」，這裡表示用手攔抓的動作；「紮」是「收束」之意；「攔紮衣」的意思就是用

雙手將浸水的衣物進行擰轉而擠乾水分。在此動作過程中，雙手需做螺旋擰轉運動，而這個旋轉方向正好是陽升陰降的運勢，將陽升陰降的生發過程表現得淋漓盡致。本勢就是來演繹陰陽翻轉的運動本質，來體會陽升陰降的自然過程。

宇宙分形，升清降濁，天地立極，乾坤定勢，坎離匡郭，日月翻轉。三豐祖師用此勢就是來演繹陰陽翻轉的運動本質，使弟子們來體會陽升陰降的自然過程。陰陽翻轉的規律在自然界中各處皆有表現，例如一月當中，隨地月相互位置的變化，而出現月相朔望之翻轉；一日當中，隨地球自轉，有白天和黑夜之翻轉；在我們身體中，一日內精氣相互轉換之翻轉，一呼一吸之氣息的陰陽翻轉，心臟收縮和擴張之翻轉。

此攔紮衣之旋轉升降與宇宙陰陽變化之勢相應，在意念上順陰陽之變勢，在勁力上則有左右上下虛實之轉化，在身形上則反映出螺旋圓圈的運動。

＜動 作＞

兩手在胸前相對180度順時針畫圓。同時，重心移到左腿。兩手交叉時，右手走內圈，左手行外圈。然後右腳向右邁出成弓步。

同時，右手經左臂內側，繼續順時針畫圓，至指尖與眼睛平齊處，左手同時也相對順時針畫圓下落到左胯處（圖2-11、圖2-12）。

圖2-11   圖2-12

<心 法>

上下翻轉，腰脊意懸，陰陽互根，行氣圓滿。

<練 法>

(1)練 形

練形，使身形統一，使身體達到上下、左右、前後協調一致的目的。

①右手守中門，在胸前以立掌向上抬起，這時，兩腿和腰胯為下沉之勢，脊椎為向上拔起之勢。

②重心移到左腿，腰脊帶領身形微微右轉。右手從上，左手在下，兩手相對畫圓，形成螺旋擰轉之勢。

③在左手畫圓到左上方時，右腿向右邁出一步，然後腰胯帶動全身向右運動，並將餘勢完成。

(2)練 意

打手意念：

練聽勁和發勁之意，使形意合一，達到聽勁熟練和身體靈活變動的能力，並使發勁具有完整性。

①設想有人用右拳向我面門擊來，我右手在身體中線向上運動，以手背迎接對方右腕。

②感覺對方來力為向我的前衝之力，我則調整重心至左腳，身體微右轉，帶動右手向右畫圓，引化對方來力。

③接著以左手托其肘部，右手拿其腕部，並將右腳向右邁出，然後左手向上、右手向下旋轉，以螺旋勁將對方向我右後方發出。

左為實，右為虛。以左側為根，為陰，紮實；以右側為梢，為陽，靈活，以此來接敵。然後通過重心由左向右的運動過程，將對方發出。

行氣意念：

意氣合一，達到洗髓的目的，使骨骼系統得以修養，增強骨質的活力和柔韌性。

①此時為太極未分，氣在丹田，兩手相合在肚臍處，意念凝聚在命門，以養浩然之氣。

②氣分上下陰陽，向下一路為根氣，為陰，由小腹部經腿內側直至湧泉，而與地氣相連；向上一路為標氣，為陽，由命門沿督脈順行，然後經背部足太陽經脈和手臂陽明經脈至兩手，催動兩臂做螺旋運轉。

5. 白鶴亮翅

<釋 義>

白鶴亮翅是從外形上比擬白鶴展翅之態，欲飛未飛，輕巧自然，惟妙惟肖，借大氣之浮力而撲翅欲飛，自然而然。

白鶴，道門之仙物也，是聯絡人與天仙的工具。三豐祖師詩曰：「欲證長生果，沖舉乘仙鶴。」

<動 作>

右手在身前逆時針向左向下畫圈，掌心逐漸翻轉朝向身體。同時，重心移到左腿。當右手向左轉動時，左手也同時開始逆時針畫圈，向右向上經右臂內側上領，掌心朝向身體；同時，右手逆時針繼續畫圈，當雙手轉到與頭同高時，一起向前翻掌。這時重心移到右腿，左腳收至右腳處。

然後，兩掌向前方落下至身前，與肩同高，掌心向前（圖2-13、圖2-14）。

<心 法>

輕靈圓轉，挺拔身展，順勢而作，鬆活自

圖2-13　　　　圖2-14

然。

<練 法>

(1)練 形

①身勢從打開狀態向收攏狀態變化，重心移到左腳，身形取下沉之勢，腰脊微左轉帶動右臂向左畫圓而守中。注意，身體右部上下要一同變虛而收縮，達到凝聚於中的效果。

②腰脊帶動身形右轉，脊柱拔起，雙手向右下方畫圓。

③全身長起，重心向右腳移動，帶動身形向左轉，面向正前方，胸脊挺起。同時，雙手向前上方畫圓張開，如白鶴之展翅欲飛。

(2)練 意

打手意念：

①假設對方以右手來擊我，我以右手接敵，然後向右微轉身而將其來力引化。

②我右腳插入其左側或其兩腿當中，然後我兩手控其右臂。

③我重心從左腳移向右腳，兩手畫圓向前上方將對方發出。

行氣意念：

①意念先在右手和右臂，隨右臂向中畫圓回收，意念導氣由太陰脈經任脈而回歸丹田。同時，著意兩腿調整重心，使氣向左腳湧泉穴貫穿，與地氣相連。

②意念導氣由命門沿督脈上行，使脊柱微微自右向左轉動並向上拔起，然後使氣貫通兩臂，帶動兩臂畫圓做螺旋運轉。

③運氣使百會穴和兩腳湧泉穴相貫通，接天氣和地氣，兩臂張開，猶如水中飄葉，暢然自往，飄飄欲仙。

6. 單 鞭

＜釋 義＞

中國古代流行的戰神之一尉遲恭，字敬德，勇猛威武，尤以在唐鄭之戰中保護秦王李世民而著稱於世，他以單鞭而奪取單雄信之槊，成為搏戰經典。

三豐祖師用此典故，取名此勢為單鞭勢，寓意左右兩邊收勁與發勁巧妙配合，陽升陰降，互相借勢，形成一個整體太極渾圓，威猛而不失輕靈巧妙之意。

＜動 作＞

雙手同時在胸前逆時針畫圈至右側，重心移至右腿，左腳向左邁出。左掌同時逆時針畫圈至左側，高與肩平，右掌變勾手至右側（圖2-15、圖2-16）。

＜心 法＞

以心收斂，沉氣下貫，張勢發放，意尤深遠。

＜練 法＞

(1)練 形

①兩手放下，使全身安舒平衡，不偏不倚，頭容正直。

圖2-15   圖2-16

②重心從兩腳間移到左腳。同時，身體微右轉，帶動兩手向右向上畫圓。然後身體向左轉回原勢，兩手轉到眼前。

③重心再移到右腳。同時，身體向左轉，帶動兩手向左向下畫圓。然後身體向右回轉，右腿屈膝使身勢下沉。同時，帶動右手繼續向右畫圓運動。

④重心完全在右腳，使左腳向左方邁出，然後隨重心向左移動，身勢向左運動。左臂也同時向左向上畫圓。最終使重心落在兩腿之間稍偏左，左六右四。

全勢中，關鍵在右腿的重心要把穩，向左的運動要全身上下完整統一。

(2)練 意

打手意念：

①假設對方用右手來擒拿我的手掌或手腕，我則使重心移到右腳，並向右微轉身，帶動右手向右畫圓，將對方右臂引進。

②右腿屈膝，使左腳進至對方右後側，然後重心向左側移動。同時，用左臂擔別對方右臂，右手返回控其右手，以兩臂合力摧折其右臂。此時重心落在兩腳之間。

③隨後重心稍移至左腳，為左六右四，並以左臂和左手連續擊對方胸部和臉部。

行氣意念：

①內氣先貫穿左腿至湧泉穴，配合右轉上升手臂之陽氣，形成第一個上下相應。

②在身體向左轉回時，由腰胯將內氣轉到右腿，至右腳湧泉穴，並配合左轉下降手臂之內氣，形成第二個上下相應。

③以右腳相接地氣為根，挺拔腰脊和背脊，使內氣沿督脈向上升至背部，然後貫穿兩臂，形成兩臂之合勁，並與兩腿之氣相對應。

7. 躍 步

<釋 義>

這是以步法來命名的一勢，說明本勢中以腿腳的運

動為主，以上肢作為輔助，以腰脊
來協調上下。本勢中以左腿為根
本，用右腳起躍，迅猛快速，使對
手猝不及防。兩臂則相對畫圓，上
下翻轉，引動對方的勢力，破壞對
方的上下平衡。

本勢對腰脊的靈活性要求很高，
上下能否相互配合成一個整體，全
依賴腰脊的協調，所以，也是對腰
脊協調能力和上下整體配合能力的
極好鍛鍊。

圖2-17

<動 作>

重心移到左腿，然後右腳向左前方邁出，兩腿交
叉。兩臂相對180度順時針畫圓，在胸前交叉成十字手
（圖2-17）。

<心 法>

陽腿潛躍，陰腿生根，腰脊平衡，不失其中。

<練 法>

(1)練形

①以左腳為全部重心所在，腰胯要完全放鬆，右腿
則可隨意而調動。

②脊椎要長起，始終與地面相垂直，不向任何方向
偏斜。

③頭容微下含，以百會領起全身。

④胸部要虛空感，與兩臂之間為圓圈之意。

(2)練　意

打手意念：

①假設對方以右拳擊我，我右手以虛迎之，稍微右轉身，將其進攻的勢力化解；同時，以左手控其右肘或右臂，加大對方前衝之勢。

②在兩手接敵的同時，以右腳迅疾而起，出奇兵，踹其前出小腿之迎面骨直到腳背。

行氣意念：

①兩手下放至小腹部，將氣從四肢上下一起收回，抱元守一。

②內氣下走左腿至左腳湧泉，與地氣相接，生成牢固之根，並沿督脈而上至背部，然後至巔頂百會穴與天氣相通，形成輕靈之意。內氣至兩臂，以己虛弱之氣與外部天然大氣相連而形成圓環回路。

8.斜 行

<釋 義>

本勢是從方位上來命名的。若以我自己身體為座標，從典型方位來論，有四正四斜之方向，即前後左右為四正方向，過去命名為乾坤離坎；還有右後、左前、左後、右前四個典型方向，稱為四斜角或四隅，過去命名為艮兌巽震，是為外八卦，這是從外方向上來定義的，不是身體形體及內部的方位，而且這個正斜位置是

相對的,是以自身為參照的。

若有對方向我進攻,我則向斜方向運動,使我走的方向與其來的方向形成一斜角,一方面可化解其勢力,另一方面則可進入對方側後,使對方陷入被動。

〈動 作〉

兩臂在胸前交叉成十字手。同時,重心移到右腿,然後,左腳向左邁步。同時,兩手相對分別向下向兩側畫圈,然後再向上向中畫圈,左手為順時針方向,右手為逆時針方向,使雙掌相對在面前相合。這時兩腿成為馬步。然後左掌向下向左後畫圈至身後變為勾手,右掌畫圈前行至當面前方。同時,重心移到左腿成弓步(圖2-18～圖2-21)。

〈心 法〉

身正步斜,左右管轄,前後相應,心機毫發。

〈練 法〉

(1)練 形

①神舒體靜,對拉拔長。

②重心集中在右腳,使百會與右腳湧泉相通,做到上下貫通。

③屈右腿使左腿向左斜方向邁出,身勢隨之下沉,但不要弓腰凸臀,要做到由百會領起,保持百會至會陰之中線與地面垂直。

圖2-18

圖2-19　　　　　圖2-20　　　　　圖2-21

④兩臂先隨重心移往右腳時收至胸前中線，使身形收攏集中，然後隨身勢向下的同時也向下向兩側畫圓，張開身形，向左微轉。之後重心向左移動至兩腳間，身體向右轉回。同時，兩手畫圓向上返回到胸前中線。

⑤重心向左腳方向移動，為左六右四之局勢，身體向左微轉，帶動左手向下畫圓至身後，右手向前。

(2)練 意

打手意念：

①左臂感覺有對我身體的推力，我則將重心變換到右腳，左手向右畫圓，身勢向中收斂，化解該來力並蓄積能量。此時意識在左臂，但卻是以虛含應之，這是訓練聽勁及隨勁的變動能力。

②左腿斜進，然後重心向左腿移動。左手畫圓返

回；同時，右臂與左手反向畫圓，張開身勢。

③又覺我左手欲被擒，則左手向右畫圓化解；同時，手型變化為撮手，反擒拿並領其向左下身後畫圓，身體微左轉，右手配合。

行氣意念：

①兩手放在小腹上，意氣合一，抱元守恆。

②內氣由小腹部向下沿右腿至右腳湧泉，與地氣相接；並沿背後督脈至兩臂，使兩手相交胸前。以意行氣，務令順遂。

③內氣下沿左腿至左腳跟，使左腳向左邊出一步，腳跟著地。氣在兩腿，調整兩胯氣機，使重心變動。

④兩臂氣運相對較弱，用以感知外界變化，並以圓運動方式順隨外部環境。

9. 琵琶勢

<釋 義>

用彈琵琶來形象地表示此勢，既有形似，也是神似。彈奏時凝神耳韻，傾聽變化起伏之節奏，感受心靈情感之暢然，由形於手臂而表達心聲，為身心相合。

練習此拳勢，就是要達到心意和內氣與身形的統一，做到神形全備，即使外部動搖一分一毫，身體就能有敏銳的感知，即聽勁，心意隨時控制整個身體的平衡運動，以應對外部的變化，即所謂「一羽不能加，一蠅不能落」。

本勢分上琵琶和下琵琶兩部分，以左手在上方或在下方而區分。與彈琵琶一樣的是，左手為控制手，右手為發勁手，兩手相互配合；與彈琵琶不同的是，拳勢中手臂的運動始終是以全身整體運動為基礎，尤其是以腿腳的重心變化和步法的變化為基礎，從而演出琵琶勢之完整一勢。

〈動作〉

右手在胸前順時針向右畫圈。同時，重心移到右腿，在右手轉到腹部時，左手在身後同時順時針畫圈共同向左側方出。同時，重心移回左腿，右腳跟進半步成虛步。然後右腳再後撤半步成右實步，左腳跟隨回撤成左虛步。同時，左手繼續順時針畫圈內旋下落成勾手至左膝處，右掌在身前旋轉至腹部前方，掌心向上。

接著，左腳再向前半步成左實步，重心移到左腿，右腳跟隨上步成右虛步。同時，左勾手向上逆時針外旋至左前方，掌心向上，右手同時逆時針旋轉內翻下按至左肘右側（圖2-22～圖2-24）。

〈心法〉

聽勁通達，隨其上下，動靜由心，本末合發。

〈練法〉

(1)練形

①腰脊以上身形挺直，百會穴輕輕向上領起。

②兩臂之間有如圓形相裹，與腿部勁力相應。

③腰脊放鬆，隨著兩手勁力的感知，兩腿靈活轉換重心。

圖2-22　　　　　　圖2-23　　　　　　圖2-24

（2）練 意

打手意念：

①若對方右手抓拿我右手臂，我則向右轉圈，引進落空；同時，我左手轉出控制其肘，然後我右手拿其右手或右腕，兩臂合勁向前，將對方發出。

②若對方左手抓拿我左手並向下擰轉，我則退步將重心移到右腿，左側空虛，左臂順其勢力旋轉；同時，我右手控其左臂，順其勢力的偏轉而將其發出。

③若對方雙手抓拿我左手並向上擰轉外翻，我則以右腿為重心，左腿插入其身側，我順其外翻力量，以左手牽引；同時，右手控其左臂，然後重心移向左腿，身勢向前，將其發出。

行氣意念：

①內氣循右腿而下右腳湧泉穴，使接地氣，重心穩

固；並循腰脊至背脊到兩臂，直至手指端，以感知和發放。

②在發勁時，內氣至襠胯調整，可使重心靈活移到左腳。

10. 伏 虎

<釋 義>

用低伏身勢、窺伺待機之猛虎來表達本勢的威猛，由伏身蓄勢到躍起爆發，憑藉的是腰胯的控制和腿部及脊背的勁勢。

本勢以腰胯為主宰，將丹田之氣下運至腿腳，向上通行督脊，通脊通督，形在臂膊，氣行全身，百脈皆暢，無微不至，勁勢自然形成。

<動 作>

兩手變掌交叉向上至兩肩，右手在裡放至左肩，左手在外放至右肩。然後重心移到左腿，右腳向右邁出。兩臂相對向下向兩側畫圈，左手為順時針，右手為逆時針方向。接著重心移到右腿。左手順時針向上畫圈。然後重心移回左腿。左手再向下畫圈變拳，放至在腰間，右手逆時針向上畫圈。

最後重心再移回右腿。右手變拳至頭部右側，高與眉齊，拳心朝前（圖2–25、圖2–26）。

<心 法>

下陰上陽，左右分擔，翻江倒海，勁透臂膊。

圖2-25   圖2-26

<練 法>

(1)練 形

①兩手收攏到胸前，將重心移到左腿，這是收束過程，為下面的擴張做準備。

②將腰胯放鬆，左腿屈膝為支撐，右腳向左伸開一步。同時，兩手臂向下畫圓張開。要求身體保持挺直，百會穴與會陰穴的中軸線與地面垂直，既不能左右歪斜，也不能弓腰前傾，臀部保持收束狀態而不可後凸。腿部虛弱的人，屈膝可少一些，也可逐漸加大屈膝程度，由自己感覺掌握，不要硬下，以防損傷。

③左手臂向上畫圈時，以左腿為重心；接下來右手臂向上畫圈時，則以右腿為重心。最後定式重心在兩腿間偏右，左四右六。

本勢屈膝鬆腰，上下起伏，重心左右移動，使得腰

腿特別得到鍛鍊，由此也增強了肝腎的能力，使筋骨活力得到加強。

在行功中，要保持下盤的沉墜和上盤的挺拔，腰脊的放鬆尤為重要，它使上下左右協調一致。

(2)練 意

打手意念：

①若對方從我身後將我摟抱，我則順其勢力捲臂收縮並管控對方手臂，然後下勢破解其摟抱。

②用左手抄起對方暴露在我左身一側的左腿，並以屈膝之左腿為支撐，勁力透達左部肩臂，擰身將對方扔出。

③若左側未抄住對方左腿，則繼續用右手抄起對方的右腿，並以屈膝之右腿為支撐，勁力透達右肩臂，擰身將對方扔出。

行氣意念：

①氣沉丹田，抱元守一。

②兩臂上抱，導引內氣沿脊背上行兩手臂。

③氣行兩腿，先至左腳湧泉穴，接地氣而紮根，屈膝使身勢下沉，並使左腿勁力傳遞到左臂，然後再至右腳湧泉穴，並使右腿勁力傳遞到右臂。

11. 擒 拿

<釋 義>

以打手對練之手法來命名本勢，來表明本勢的敏銳性和突發性。擒拿的位置可有許多處，但最易擒拿之處

莫過手臂，雙方一搭手，即可施以擒拿，我則要有充分的敏感性，在對方剛要擒拿我手臂時，就要化解其來勢，並將其反制。

在運用聽勁、化勁、反制的過程中，始終要「氣遍周身不稍滯」，全身上下節節貫穿，做到身心完全一致，才能保證敏銳性，並應對任何突發性。

<動 作>

身體向左收，重心移到左腿，右腿成右虛步。同時，右拳順時針畫圈落至腹部前右側，左手由拳變掌向右側移至右小臂上，然後右臂順時針由內向外旋轉。重心向右腿移動（圖2-27）。

<心 法>

左實右虛，引敵上勢，分筋挫骨，意氣一致。

<練 法>

(1)練 形

①兩腿虛實分明，收引時重心全在左腳，發放時重心移到右腳。

②兩臂配合進行擒拿，其靈活性由腰脊來協調。

③脊柱保持與地面垂直而不傾斜。

④擒拿的勁力不是靠兩臂的力量，而是靠整體身形

圖2-27

運動的巧勁。

(2)練 意

打手意念：

①若對方以右手擒拿我右臂或右腕，我則將重心移到左腿，並使右臂畫圓向身前回收。

②右手臂繼續畫圓向上運動；同時，左手控對方之手固定在我右臂上不能移動或撤回。

③我重心向右腳移動。同時，右臂螺旋轉動，左手同時轉動，使兩手臂間沒有相對移動，將對方手臂完全控制。

行氣意念：

①內氣從命門沿督脈上行至百會穴，並沿脊背上傳兩臂。

②內氣沿左腿至左腳湧泉穴，使左腿與右臂相應。

③內氣至腰胯，使會陰穴與百會穴照應，並使襠胯能順隨兩臂的運動而靈活變動重心。

④內氣周流全身，使全身協調一致。

12. 串 捶

<釋 義>

用手臂來模擬具有手把和棰頭的棰進行擊打稱之為棰。串捶則是以兩個手臂進行連續擊打，相連成串。棰的使用要求速度和力量，才能有很好的擊打效果。

在太極拳中，捶法數目不多，主要有串捶、肘底

捶、掩手捶和指襠捶等，都是在引化對方來勢之後隨機發打對方薄弱之要害。所以在練習本勢中，要使身體處在正位，全身放鬆，以連續擊打的意念，保持氣行的連貫性，同時要保證腿部的根節作用，通過氣運脊背至手臂，上下配合一致，將捶自然擊打出去。

圖2-28

<動 作>

右拳向前擊出，左掌變拳在其側，重心前移至右腿，左腳前跟成左虛步（圖2-28）。

<心 法>

氣勢沉下，捶由心發，圓環運勁，前後串連。

<練 法>

(1)練 形

①腰脊以上挺直，不彎腰，不屈躬。

②在重心移到前出之右腳的同時，兩手連續捶擊出去。

③捶擊的勁力不只是臂力，而是腿部、腰脊和背部及臀部的整體合勁。

(2)練 意

打手意念：

①對方因抓拿我右臂而被拿下，頭部正好落在我的捶擊範圍。

②我掄右拳旋轉捶向其面門，緊接著左拳也捶擊過去。

行氣意念：

①氣行腰脊和背脊而傳至手臂，氣勢可從手背透出。

②內氣沿襠胯而至兩腳，使手臂與腿腳的運動及氣勢相通相連。

13. 肘底捶

<釋　義>

用「肘底」兩字來說明本勢中捶打的方位和勁勢。若對方出拳來擊我，我可以左臂畫圓截斷其來勢，並將其向左牽引，這時以右臂掄捶順勢在左肘之下突襲對方，具有隱蔽性，對方則在毫不知覺的情況下被擊發出去。左臂的引化和右臂的捶擊都是以右腿為根基，由腰胯靈活轉動身體而達到目的，意念上放長擊遠，氣行順暢，得機得勢，使化發自然而然。

<動　作>

以右腿為重心，身體左轉180度。隨身體左轉，左臂逆時針向上向左畫圈，左拳至頭面前方，高與眼齊，右拳同時畫圈到達左肘右側（圖2-29）。

<心　法>

圓轉全身，右腿為根，氣連上下，

圖2-29

左右合勁。

<練 法>

(1)練 形

①右腿實左腿虛，以百會穴向上領起，使身體圓轉自如。

②腰脊要鬆，脊柱要直，兩膀要鬆，兩肘要沉。

③兩臂相合，順勢而動，左側引進，右側擊捶。

(2)練 意

打手意念：

①若對方以左手擊我，我則以左臂相接。

②我向左轉身，引化其來勢。

③順其來勢，向其腰部捶擊。

行氣意念：

①內氣沿右腿下至右腳湧泉穴，並少部分至左腳趾端。

②內氣沿督脈上至兩臂，氣勢運達兩手。

14. 倒捲肱

<釋 義>

用步法和手法來命名本勢。我向身後出腿，與向身前出腿方向形成相反，是為一「倒」；我腿的方向與手臂運動的方向相反，這是二「倒」；因為我的「倒」而使對方上下顛倒，是三「倒」。

「肱」是指上臂，也可以代表整個臂。我的手臂是

前後螺旋式圓圈轉動，透過與腿運動的配合，將發敵之勁點作用在對方的上臂，使其向我手臂旋轉的方向連根捲起而栽倒，稱為「捲」，所以本勢的字面意思是「倒轉捲動對方手臂而使其顛倒」。

我手臂的旋轉要靠從腰脊到背脊的勁力相續，向後出腿要靠另一腿的重心支撐及腰胯的靈活控制，由重心腿、腰胯、腰脊和背脊的統一，使方向相倒的肱股運動配合形成一個完整的捲勁。

＜動作＞

重心前移至左腿。兩拳變掌，先以右手逆時針前後畫圓，當右手從後向前畫圈時，右腳掌向右後方蹬地邁出，左手向後順時針畫圈由前向後收回至左胯處。然後重心移到右腿。接著左手由後向前順時針畫圈，左腳向左後方蹬地邁出。同時，右手畫圈收回至右胯處。左右兩腿交互轉換重心，左右兩臂按相反方向輪流旋轉畫圓（圖2-30、圖2-31）。

＜心法＞

拔根繃腿，動在腰脊，上下聯繫，順隨本意。

＜練法＞

(1)練形

透過左右腿互根轉換而逐步達到前後左右平衡、上下協調、連成一體的目標。

①先以左腿為重心，右腳以腳趾向右側後觸地，然後蹬地繃腿。同時，右臂向前，兩手前後螺旋翻轉，翻

圖2-30   圖2-31

轉與繃腿是同時協調產生的。在這個過程中，身體軀幹要保持與地面垂直，不能向前傾斜或彎腰俯身。

　　②再以右腿為重心，左腳以腳趾向左側後觸地，然後蹬地繃腿。同時，左臂向前，兩手前後螺旋翻轉。

　　③在以上運動過程中，要保持腦筋放鬆，小腹下沉，重心腿微屈而緊有充實感，另一腿和兩臂保持放鬆靈活。

　　(2)練 意

打手意念：

　　由體會、感悟倒捲螺旋勁的產生、發動的過程，實現如何在心意控制下，使腰、腿、手臂協調聯動以及使聽勁與發勁連環相續的目標。

　　①設想對方用左手抓拿我的左手或左腕，我則以左腿為重心，左臂向左畫圓旋轉運動；同時，左手反拿對

方手腕，並將右腿插入對方左腿內側；同時，右手控對方左肘，形成人背我順的態勢；隨後向左轉身，兩臂合勁上下翻轉；同時，右腿繃挺，將對方拔起扔出。

②與上述意念相同，唯左右兩向交換。

③左右循環連續，意念連綿不斷。

行氣意念：

腹中元氣隨意念靈活出入到達腰胯和兩臂，意一動而氣立至，沒有阻滯和磕絆，且連綿不斷。

①兩腿併立，抱元守一。

②內氣至兩胯，使重心到左腿，然後氣至湧泉穴，與大地接根。

③內氣至兩臂，右臂和右腿同時向右後方運動。

④內氣至兩胯，通右腿，至右腳湧泉穴，向左轉身，兩臂前後上下翻轉。

15. 閃通臂

＜釋 義＞

用「閃」這一身法來命名本勢。本勢中形成了兩個往返折疊的運動，身勢是從下到上連成一體而折疊圓圈運動，是為「閃動」，而發揮作用的著力點是我整個臂膀，內氣通脊通督而通臂，使勁力從下貫穿到手臂，所以稱為「閃通臂」。

往返折疊之閃身法，靠的是心意順應外界的自然、內氣圓轉全身的順遂和重心轉換的靈巧，以及內氣貫穿

上下而通督脊、通腿腳和通臂膀的連貫，由此生發出的外
在形、勁、勢，也是自然生發而來的，並隨機隨勢而變化
著，是靈活自如、隨心意而在的。

<動 作>

重心先移到右腿，再移回左腿。隨重心的變換，右
手在身前逆時針畫一圈至腹前，左手沿順時針方向畫圓
至腹前，合在右臂上。同時，右腳收至左腳旁，變為虛
步。然後，右手從腹前至胸前上提，隨後右腳前邁上
步，並隨勢以右腿為重心下蹲。同時，右手向前向下畫
圓至右膝左側，左手變為勾手並旋轉至後腰部。然後再
起身，使左腳前邁上步。右手向上挑起再畫圈向後向下
至胸前，掌心向下；左手變掌從身後畫圈到身前上托，
掌心向上（圖2-32～圖2-34）。

圖2-32　　　　圖2-33　　　　圖2-34

＜心法＞

身閃電意，氣通督臂，蓄勢再發，隨機順利。

＜練法＞

(1)練形

透過往返折疊的步法、身法和手法的訓練，使腿部的支撐、督脊的貫通和臂膀的靈活連成一個由下到上接續、相合的整體。

①始終保持脊椎的挺拔和向上領起的狀態，使百會穴與會陰穴的連線與地面垂直，腰部不能向前彎曲，身體不能向前俯探。

②兩臂的運動是隨身體左右、上下運動而連帶的，不是單獨的運動，要與全身運動相配合。它既是聽勁的感觸點，又是身體發勁的末端，是整體的一部分。

③由腰胯調動重心，在穩固左腿或右腿的重心後，身體與另一個腿配合一起做折疊運動。

④右腿作為屈蹲和站起這上下運動的主體，要保持靈活的彈性力量，在腰胯的協調下，能夠既有靈活的機動力，又有堅固的支撐力。

⑤細心體會和琢磨腿、腰胯、督脊及肩臂相合一體的聯動關係。

(2)練意

打手意念：

①若對方用手拿我右手腕，我則將重心移到右腿，並向右微轉身。右臂同時向下向右畫圈，以引化其來

勢。然後重心移到左腿，身體向左轉，右腿向左腿前上
虛步。右臂繼續逆時針方向畫圈至腹前方，使對方為背
勢而將其發出。

②若以上未能將對方發出或甩開，則使用連環進
招，以我左手按壓住其手，我兩臂上提帶動對方，然後
轉圈向下；同時，右手突然拿其手腕向下方直切，使對
方跪倒在地而被擒制。

③若對方能擺脫擒制而迅速向上站起，我則趁勢以
右腿進步下蹲；同時，以右肩臂插入其襠胯中，並迅猛
向上起身，將對方腿部或胯部扛起；同時，左腿向前進
步，身體右轉，順勢將對方向後扔出。

行氣意念：

①內氣從小腹部至兩胯，使兩腿靈活變換重心，氣
感從左腿到右腿，再從右腿到左腿回轉一個圓圈。

②氣通左腿湧泉穴，並與從命門到右臂的內氣運行
相對應。

③隨右腿前邁，內氣運行在右腿，並使其屈腿下
蹲，氣通右腿湧泉穴。

④隨右腿立直，右腿內氣與右肩臂內氣相合運行，
使腿、腰和背部、手臂形成連貫的運氣。

16. 雲 手

<釋 義>

白雲飄飄，因其質輕體靈而上浮在天空的高處，隨

天氣變化而改變著形態，三豐祖師用「雲」的這種輕靈不羈、有形而無物的性質來表明本勢的行功意義。

　　按人擬天像來說，身體下盤（腰胯以下）與大地相接而效像法地，為重心所在；身體上盤（心胸以上）與天氣相連而效像法天，虛空輕靈所系。手臂也在上盤，具輕靈圓活變化萬端之性，可比作天上飄飄之雲，故可稱「雲手」。其次，手是用來握持拿取器物之用的，什麼樣的有形事物最不好拿取，那就是雲。雲看起來是有形，但要拿取卻是無物，若能將雲拿住，那應該是怎樣的功夫啊！所以練雲手也可以說是練「拿雲之手」，簡稱「雲手」。

　　三豐祖師在《無根樹道情》中曰：「拿雲手，步雲梯，採取先天第一枝。」用「拿雲手」來比喻拿取先天無根樹的樹枝。

　　從人體內部而言，肺臟與天氣相通，由它吸入清氣並呼出濁氣而給人以生命的活力，手臂相互展開及收攏的圓轉運動形式能促進肺臟的吐故納新，使人的表裡內外交換和陰陽平衡的功能得到鍛鍊和促進，由此也就促進了身體其他器官功能的正常作用，手臂的圓環運轉就猶如輕靈變化之雲，帶動身體之五臟六腑與天氣相配相合。

　　本勢要求下盤法大樹紮根在大地以生根，並由腰胯變換重心而使身體微微轉動，從而帶動兩個手臂圓環無端相對轉動，法天上之雲而流動變化，使內外之陰陽升降各依其序，相互依賴、相互配合和襯托，使下盤的沉墜與中盤、上盤的含拔相統一。

＜動作＞

兩手同時分別順不同方向在身前畫圓，左手為逆時針，右手為順時針。當兩手在身前左側相交時，重心移到左腿，左手掌心向下，右手掌心向上，然後，右手轉至面前，與眼同高，掌心向內；左手同時轉到胯襠部，掌心向內。

當兩手在身前右側相交時，重心移到右腿，右手掌心向下，左手掌心向上，然後，左手轉至面前，與眼同高，掌心向內；右手同時轉到胯襠部，掌心向內。在兩手畫圓過程中，重心在兩腿間變換，身體也分別跟隨重心向左右兩側微作轉動（圖2-35、圖2-36）。

＜心法＞

胯活腰鬆，臂轉如繩，重心左右，上下協同。

圖2-35 圖2-36

＜練 法＞

(1)練 形

①頭容正直，在運動中不做任何傾斜；脊椎正直，身體在運動中沒有左右傾斜，也沒有前後俯仰，從百會穴到會陰穴的中線始終垂直地面，切忌向前彎腰弓身。

②兩臂交錯畫圓旋轉，切記不能抬肘聳肩，要保持自然輕鬆沉墜之勢，感覺在掄甩兩條柔軟的綿繩。

③兩腿重心交替輪換，隨重心轉移，身體向重心轉移方向微轉身，轉身幅度自己控制，若轉身幅度稍大，則需要使兩腳轉動，以避免損傷膝部或胯部。

④重心的轉換和兩臂的輪轉要保持上下、左右相應一致的關係。

(2)練 意

打手意念：

①若對方以右手抓拿我左手或左腕，我則使左臂向左下方旋轉引化其來勢，並反拿對方手或腕；同時，右手從下向上轉到左側，拿其右肘。然後將重心從左腿移到右腿。同時，右臂向上向右畫圓，左手配合，身體右轉，將對方向右側發出。

②反之亦然，若對方以左手抓拿我右手或右腕，我則使右臂向右下方旋轉引化其來勢，並反拿對方手或腕；同時，左手從下向上轉到右側，拿其左肘。然後將重心從右腿移到左腿。同時，左臂向上向左畫圓，右手配合，身體左轉，將對方向左側發出。

行氣意念：

①內氣通左腿湧泉穴，則上對應右臂運氣，氣感在右臂前側，直至重心落到右腿。

②反之亦然，氣通右腿湧泉穴，則上對應左臂運氣，氣感在左臂前側，直至重心落到左腿。

17. 高探馬

＜釋 義＞

探是抓取之意，探馬即是用手抓住鞍環上馬的意思，本勢是以上馬的動作及手法、身法來做形象的比擬，在手法上分高、中、低三勢，本勢取高勢，故稱高探馬。

本勢要求以支撐腿為重心，使腰脊以上挺拔不屈，在腰胯的協調下，使背、肩、臂放鬆，氣行通暢，使兩手臂上下翻轉而完成本勢。

＜動 作＞

以左高探馬為例，重心在右腿，左腳為虛步在前。左臂前伸，左手與眼同高；右手在左肘右側，掌心向下。然後雙手同時逆時針畫圓，先向後再向前做旋轉運動。左手先向右下方，再向左上方，再向左下方畫圓，最後左手落到左側腹前，掌心向下；同時，右手先向右下，再向前方，在最高點時掌心向前，最後下落至胸部前方。

在雙手畫圓的同時，左腿提膝抬起，手臂運動完成過程中，左腳落下成為重心，右腳跟進與左腳齊（圖2-37、圖2-38）。

圖2-37 圖2-38

<心 法>

放鬆肩胯，意聯上下，實以生根，虛含無他。

<練 法>

（1）練 形

①要保證支撐腿的穩固，腰胯要放鬆，上身要挺直。

②左右手臂到胸前要形成虛空的圓圈，肩部不要上抬或僵硬，當兩手相對上下、前後旋轉時，切不能抬肘。

③注意保證兩手臂的運動與兩腿之間的緊密聯繫與配合。

④抬起的腿下落時，要完全以支撐腿為重心而輕落，這時不能向前俯身傾斜，百會穴與會陰穴的連線始終垂直地面，待該腿在前方落下後，重心再逐漸移到該腿，支撐腿才向前半步，沒有半點慌張和凌亂。

(2)練 意

打手意念：

①若對方以左手擒拿我左手或左腕時，我左臂順勢向下向後旋轉運動，並趁機反拿其手腕。同時，我左腿向前並彎曲勾住對方右腿，我右手拿其左肘，然後左手向下、右手向上旋轉顛倒，與前出的左腿配合，將對方發出摔倒。

②反之亦然，若對方以右手擒拿我右手或右腕時，我右臂順勢向下向後旋轉運動，並趁機反拿其手腕。同時，我右腿向前並彎曲勾住對方左腿，我左手拿其左肘，然後右手向下、左手向上旋轉顛倒，與前出的右腿配合，將對方發出摔倒。

行氣意念：

①氣從小腹部下至兩胯，使胯部靈活運動，意在重心變動。

②沿支撐腿下到湧泉穴，與地氣相接，另一腿氣至小腿部，意在勾腿。

③內氣從命門沿督脈上行，然後運至兩臂，使上部虛空圓滿而靈活，意在手臂。

18. 插 腳

<釋 義>

這是腿法中的「插法」，本勢的重點是在手臂化解對方來勢後的瞬間抬腿起腳，如果踢入對方襠中，則為插

圖2-39　　　　　　　　　　圖2-40

中，同時，兩手配合閃擊對方面門；如果進入對方身後，則為插入敵後，與兩手配合則可使對方失重心而傾倒。

＜動作＞

以左插腳為例，雙手先向右下再向左上方逆時針畫圈，左腳上踢，左手拍擊腳面（圖2-39、圖2-40）。

＜心法＞

巋然挺立，旋轉一氣，相留相送，舒心緊意。

＜練法＞

（1）練形

①支撐腿微屈，保持穩固。踢腿要順直，意著腳尖。

②上身挺直，不能彎腰前傾。胸部虛空，兩手輕靈畫圓拍出。

③保證全身各部的相互協調關係。

(2)練 意

打手意念：

①若對方出右手擊我，我則以右手向後引化；同時，突起右腳踢對方襠中，然後兩手一起擊向對方面門。

②若對方出左手擊我，我則以左手向後引化；同時，突起左腳踢對方襠中，然後兩手一起擊向對方面門。

行氣意念：

①內氣從小腹部下至兩胯，使腰胯靈活，並沿支撐腿下到湧泉穴，與地氣相接。另一腿氣至腳尖，意在踢腿。

②內氣從命門沿督脈上行，然後運至兩臂，使上部虛空圓滿而靈活，意在手與腳相接。

19. 左蹬腳

< 釋 義 >

這是腿法中的「蹬法」。本勢的重點是在手臂化解對方來勢後的瞬間迅速起左腿蹬向對方；同時，兩手以捶擊配合。

< 動 作 >

重心在右腿，左腳落下成虛步。同時，兩臂相對先向下再向上畫圈左右張開。

隨後以右腳為軸向左轉身；同時，左腿屈膝抬起，使大腿成水平。同時，兩臂屈肘，兩手變拳畫圈相對收在胸前；然後兩臂從中向外畫圈外展擊出。同時，左腳向左側蹬出（圖2-41、圖2-42）。

圖2-41　　　　　　　　圖2-42

<心 法>

抱元收斂，心意無限，展身張勢，專主一念。

<練 法>

(1)練 形

①腰胯放鬆，確保右腿支撐穩固。左腿蹬腳時，身體不能搖晃。

②身體要垂直，頭容要正直，兩肩放鬆，在蹬腳時身體不前後、左右歪斜，感覺百會穴有牽線上提。

③保證向左蹬腳與兩臂展開的一致性和協調性。

④蹬腳時著意在左腳，要有彈性勁；兩手捶擊也要有彈性勁。

(2)練 意

打手意念：

①對方以單手或雙手來攻擊我，我兩臂向中線回

轉，引化來勢。

②在對方重心不穩而栽向我時，我以左腿向對方小腹或胯部蹬擊，將對方蹬出；兩拳同時也擊向其頭部。

行氣意念：

①隨身勢收縮，內氣大部收回至小腹部。

②內氣從小腹向下至兩胯，並沿督脈上至肩背，放鬆腰胯和肩背關節。

③內氣至右腳湧泉穴，使重心穩固，至左腳湧泉穴，使左腿蹬出；同時至兩臂，使兩拳打出。

20. 左右躍步

＜釋 義＞

本勢主要體現在步法上，以一腿為重心，以另一腿躍起並落在重心腿的前方，形成交叉，是為「躍步」。

本勢是連環進招，連續用左右兩個躍步，兩手臂變捶，隨身勢轉動而畫圓擺動，配合步法而進擊。

＜動 作＞

左腳下落成虛步，身體微向左轉。同時，右拳向左擺動，左拳收到左腰處。然後重心移到左腿。同時，右拳逆時針轉到左胸處，左拳則向左向上順時針擺起。

隨後右腳向前上步成虛步。同時，右拳向右向下收到右腰處，左拳順時針畫圈向右擺動，與眼高平齊（圖2-43、圖2-44）。

圖2-43　　　　　　　　圖2-44

＜心 法＞

腿屈胯活，兩臂相合，腰脊領轉，意氣在我。

＜練 法＞

（1）練 形

①當以右腿為重心時，左腳要輕盈地落在右腳前，同時向左的轉身和右臂的畫圓揮動要與左腳運動相應。當左腳落地後，再逐漸將重心向左腿移動。

②當以左腿為重心時，右腳要輕盈地落在左腳前，同時向右的轉身和左臂的畫圓揮動要與右腳運動相應。

③始終保持身體的正直，不偏不倚。兩臂和前胸之間成虛空圓滿之態。

（2）練 意

打手意念：

①左躍步：當對方用手掌或拳擊我時，我則以左手

相接，並向左轉身，左手向左向下畫圓引化其勢力。同時，躍起左腳蹬對方前出之小腿部至腳面，並揮動右拳擊向對方頭部。

②右躍步：當對方用手掌或拳擊我時，我則以右手相接，並向右轉身，右手向右向下畫圓引化其勢力。同時，躍起右腳蹬對方前出之小腿部至腳面，並揮動左拳擊向對方頭部。

行氣意念：

①內氣從小腹下至兩胯，形成一腿為重心，另一腿輕盈下落的靈動局勢。

②內氣繼續下至重心腿之湧泉穴，使重心穩固，下至躍起腿之湧泉穴，使蹬勢靈動。

③內氣沿督脈至肩背，使其關節靈活，再至兩臂，使兩臂上下畫圓螺旋運轉。

21. 青龍探海

<釋 義>

這裡的探為「深入」之意，以青龍入海的氣勢來形容本勢。龍在中華傳統文化中是神物，既可升天興雲布雨，也可入海回歸本源。《周易參同契》說：「真人潛深淵，浮游守規中。」

本勢在內氣上以向下運勢為主，形成養氣之狀態，故以青龍入海之勢來指明煉養方法。在打手方法上用的是捶法進擊，手身腿協調一致，一擊奏效。

圖2-45 圖2-46

＜動 作＞

左腳上步成弓步。左拳在身前順時針畫圈收到左腰部，身體微左轉，右拳逆時針畫圈向身前擊出（圖2-45、圖2-46）。

＜心 法＞

身直步正，腰胯運動，意氣下沉，潛入淵中。

＜練 法＞

（1）練 形

①以腰胯的靈活轉動實現轉身，重心從全部在右腿轉換為左六右四，是為身形變化的關鍵。

②在重心轉換中，從百會穴到會陰穴的這根中線始終與地面垂直，不能向前彎腰俯身。

③兩臂和前胸之間保持虛空圓滿，若有若無，右臂畫圓揮動不要有僵力。

(2)練 意

打手意念：

①若對方以右拳擊我，我則以左手擒其右臂，並順勢向右下方畫圓以牽引對方，然後出左腳進入對方側面。

②當對方欲撤勢時，我身體向左回轉，右拳擊向其頭面部，並可進一步順勢將對方發出。

行氣意念：

①內氣至右腳湧泉穴，接地氣，使重心穩固。

②內氣至腰胯，使左腿進步靈活、輕盈，身體轉動便利。

③內氣至肩背，使關節靈活，再至兩臂，使兩臂向下畫圓。

④內氣分至左、右腳湧泉穴，使重心轉換為左六右四。

22. 轉身二起腳

<釋 義>

這是腿法中的「踢法」，用在踢對方較高位置的身體部位，也屬連環進招，兩腳連續踢出；同時，兩手也直擊對方面門，以配合兩腳運動。

<動 作>

以左腿為重心，身體右轉180度；同時，右腳收回半步成虛步。左拳順時針畫圈右擺至胸部前方，右拳同時順時針畫圈上抬至面前，與眼高平齊，左拳在右肘外

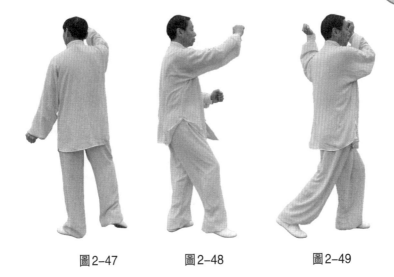

圖2-47　　　　　圖2-48　　　　　圖2-49

側。隨後右腳上步為重心起跳，先踢出左腳，左腳下落為重心，再連續踢出右腳。同時，兩臂順時針畫圈向上並落下，以右掌拍打右腳面（圖2-47～圖2-50）。

<心 法>

起身輕靈，舉足在心，神氣相合，剛柔自賓。

<練 法>

圖2-50

（1）練形

如果身體沉重，氣血凝滯，則腿腳就不聽意念指揮而彈跳不起。

①先以左腿為重心，右腳向前一步並微屈腿，使右腿轉為重心腿，同時踢出左腳，然後右腿起跳，使右腳向前踢出。兩臂配合起腳圓圈運轉，並使右手拍擊踢起的右腳腳面。

②要想彈跳起來，先要使身體向下沉墜，尤其兩腿不能虛浮，這樣才能使彈跳有力。

③上身要豎直，不能向前俯身彎曲，頭容要向上直起，有如線繩上牽百會穴，使身體有向上凌空之慾望。

④腰胯關節、膝關節和肩關節等都要放鬆，有鬆活、拔長之感。

⑤兩臂運轉要圓活而不要僵硬。

(2)練 意

打手意念：

①若對方用拳擊我，我則順勢拿其手腕，並向我左側牽引。

②若對方欲抽手回撤，我則右腳進步，以左腳踢其襠部或腿部。

③連環進招，不給對方回擊或防守之機，迅速起右腳踢其腹部或胸部，同時兩手閃擊其面門。

行氣意念：

①內氣先至兩胯，再下至左腳湧泉穴，使重心向右腿轉移。

②內氣至右腳湧泉穴，使右腿屈膝而有力彈跳。

③內氣沿督脈上行，氣血通行全身，則身輕如燕。

23. 分門樁抱膝

<釋　義>

椿是用木材或石材製成的較長柱狀體，它的根部深埋在地下，露出地面上的部分與人等高，挺立拔長，巋然不動，以此表示拳式中穩定站立、不被動搖的身法和腿法招式。

本勢中，因對方以雙掌推我前胸，我邁步前迎，身腿如椿，不被其撼動，同時我虛含前胸，兩臂分手拿其雙臂，化對方之來勢，有如分大門而使其頓開之勢，因而稱作「分門椿」。隨後撤左步以右腿為重心，兩手捲回上抬，同時上提左膝，則兩手上捧，置膝部兩側，形如「抱膝」。

這兩個動作屬前後連貫的同一勢，分門椿主化，抱膝主發，故而合稱。

<動　作>

兩腳相繼落下，重心落在右腿。雙手收回至兩腰間。然後左腳向前邁出成為弓步。兩手向上向前成交叉。隨後重心移回右腿，左腳回撤成虛步。同時，兩手相對向上向外畫圈，左手為逆時針，右手為順時針方向。隨著雙手向下向內畫圈至兩胯後，左腿屈膝抬起。兩手一起同時上抬至胸前，掌心向上。目視前方（圖2-51至～圖2-54）。

圖2-51

圖2-52　　　　　　圖2-53　　　　　　圖2-54

<心 法>

沉氣兩腿，拔身如樁，環圓由心，巧打千斤。

<練 法>

(1)練 形

①身體挺直，無前俯或後仰之姿。

②左腳向前進和後退，要與兩臂畫圓運動協調一致。

③兩臂和前胸之間要保持虛空圓滿之勢。

(2)練 意

打手意念：

　　①若對方用兩手來推我，我則以右腿為重心，左腳向前進一步，並以兩手向外畫圓，將對方兩手分拒我身體兩側，使其推力落空。

　　②若對方以蠻力抗拒我之分手，我則趁勢兩手上

翻，拿其兩肘部，並抬膝撞其襠部，然後利用其前衝之勢，向右微轉身，將其發出。

行氣意念：

①內氣至兩胯並下至右腳湧泉穴，使右腿重心穩固，左腳向前進步。

②內氣沿督脈上行並至兩肩臂，使兩臂靈活畫圓。

③內氣至左膝部和兩手，似上承千鈞之力。

24. 喜鵲蹬枝

< 釋 義 >

用喜鵲蹬枝的形象來說明本勢的腿法，喜鵲在樹枝上借勢一蹬而飛去，而我則借用對方身體上部的攻勢，使其下部虛浮，趁勢向其下部蹬去，則使對方重心被破壞而傾倒。

< 動 作 >

兩手向頭部方向畫圈上抬，掌心向後，隨後掌心向前翻手。左腳向前蹬出。兩手隨蹬腳前推（圖2-55、圖2-56）。

< 心 法 >

身直腰鬆，四末氣通，以意貫之，渾然勢成。

< 練 法 >

(1) 練 形

①向前蹬左腿時，右腿重心要穩固，身體不能後仰。

②左腿前蹬與兩手向前畫圓要協調一致。

圖2-55　　　　　　　　　　圖2-56

(2)練 意

打手意念：

①若對方用兩手抓我兩腕，我則以右腿為重心，兩臂向後回收並旋轉。

②對方成背勢時，我起左腿蹬其襠部或腹部。同時兩手回送，使對方被發出。

行氣意念：

①內氣至兩胯並下至右腳湧泉穴，接地氣使右腿重心穩固。

②內氣沿督脈上行並至兩肩臂，使兩臂靈活迴旋。

③內氣至左腳，意念在左腳跟，使蹬勢自然，迅猛勁急。

25. 鷂子翻身

<釋 義>

鷂子即是雀鷹，雀鷹翱翔天空，眼目銳利，在看到地面上田鼠之類的小動物時，則躍起翻身，直沖而下，用其利爪捕獲之，這就是鷂子翻身，以此形象形容本勢。如有對方全力撲向我時，我則右手接其右臂；同時，以右腿為重心向右轉身，右手隨之向下畫圓化其勢力，然後擒其右臂，我左手也順勢拿其肩背，將其發放在地。本勢動作翻轉身體，從左至右，從上而下，迅猛快速，猶如鷂鷹捕鼠。

<動 作>

左腳成虛步，左手至左胯前，右手至身前。然後左腿抬起，以右腳為軸右轉270度。同時，右手先、左手後隨身體右轉順時針畫圓。轉體後左腳落下，與右腳距離同肩寬。兩手收至各自體側（圖2-57、圖2-58）。

<心 法>

氣通腳根，意領身轉，上隨下走，前後連貫。

<練 法>

(1)練 形

①以右腿為支撐腿，以右腳掌為軸向右轉身，擺動左腿以輔助大角度轉身並平衡身勢。轉身過程中，要保持重心的穩固，身體不能晃動、搖擺和歪斜。

②頭頂百會穴似有一根線繩向上牽引，使脊椎、腰椎自然放鬆。

圖2-57   圖2-58

③兩臂隨轉身前後上下相接旋轉，肩關節放鬆，使手臂運動輕鬆自然。

(2)練 意

打手意念：

①若對方用右拳擊我或右手擒拿我右臂，我則以右手反抓其右腕，並順勢向右轉身，帶動對方勢力落空。

②隨繼續轉身，使對方更加背勢，我則以左手拿其肩關節，將對方發出。

行氣意念：

①內氣下至兩胯，使腰胯輕鬆靈活；再下至右腳湧泉穴，使右腿重心穩定。

②內氣至左腳，使左腿輕盈擺動。

③內氣至兩肩，使兩臂靈活自如而旋轉。

圖2-59 　　　　　　　　　　　　圖2-60

26. 旋腳蹬根

<禪 義>

旋腳蹬根是為本勢腿法之直接描述。在打手當中，若對方起腿攻擊我，我也同時起腿，向對方的攻擊腿踢去，並旋轉化其勢力，此為「旋腳」。

當化其來勢使對方將要失中之時，我的腿腳又旋轉回來，蹬向其支撐腿，破其根本，是為「蹬根」。

<動 作>

重心移到左腿，右腳抬起後再屈膝收小腿，按逆時針轉一小圈再向右蹬出。同時，右掌掌心向前，在身前同步逆時針畫圈，先向左再向右向上在右腿內側撩出，掌心朝向右腿方向（圖2-59、圖2-60）。

＜心法＞

身腿一體，正直通氣，屈膝旋腳，全在心意。

＜練法＞

(1)練形

①在左腿重心穩定的前提下，左膝部透過有彈性的屈張運動，來協調右腿的屈伸和旋轉運動。

②在右腿運動過程中，身體要保持豎直穩定，不能傾斜和搖擺。

③右手臂的運動要與右腿的運動協調一致。

(2)練意

打手意念：

①若對方起右腳踢或蹬我，我則迅即以右腿進行攔擊和旋腿牽引，使對方身體前傾。

②在對方還不知所措時，我以右腳直蹬其左腿，並以右手上托其右腿，將對方發出。

行氣意念：

①內氣收至小腹部靜養，抱元守一。

②內氣從小腹下至兩胯，使腰胯放鬆。

③內氣再下至左腳湧泉穴，使重心穩固。

④內氣至右腿膝部，使右腿屈伸靈活。

⑤內氣沿督脈上至右肩，使右臂靈活迴旋，與右腿協調一致，再至右手臂，有上托千鈞之勁的感覺。

27. 攔腰掌

<釋 義>

此處之「攔」不是阻擋的意思，而是「對準、正對著」的意思，如「攔腰截斷」。掌法是把勁用到掌緣上，擊向對方的要害，本勢中，這個要害就是對方的腰，故稱攔腰掌。

若對方用右手向我擊來，我則以左腿為重心，右手接其手臂，然後身體向右轉動，同時右腳向右進，使對方勢力被化解並受到牽引，其右腰完全暴露。我已然轉換重心至右腿，左腳向前上步；同時，用左掌擊向其右腰，我得機得勢，將其發出。

<動 作>

身體右轉90度，右腳下落在身體後方。同時，右手向右後側擺動至身體右下方。然後重心移到右腳，身體繼續轉身90度，左腳向前邁出一步。同時，雙手向左側擺動至身體左下方（圖2-61、圖2-62）。

<心 法>

行步輕靈，氣至掌應，腰胯運動，貴中性命。

<練 法>

(1)練形

①頭容正直，似有線繩向上牽引。

②脊椎挺拔，為自然放鬆，節節相對拔長。

③胸前虛空，肩關節放鬆，兩臂圓滿而靈活轉動。

圖2-61　　　　　　　　圖2-62

④腰胯放鬆，落腿輕巧自然，重心靈活變動，重心先從左腿完全移動到右腿，然後再從右腿向左腿移動，最後形成左六右四的重心局勢。

(2)練 意

打手意念：

①若對方用右拳擊我，或用右手抓我右腕，我右腿向後撤步，身體向右轉動，以右手臂向我右側後牽引對方，使對方成為背勢。

②我迅疾上左腳至對方側後；同時，以左掌擊其已張開暴露的右腰部，右手迴旋配合，將對方向左發出。

行氣意念：

①內氣從小腹至兩胯，再至左、右腳湧泉穴，使右腿靈活變換為重心腿。

②內氣沿督脈至肩背，使右臂靈活向右旋轉。

③內氣在兩胯，使左腿靈活上步。

④內氣至兩臂並到手掌，將腿、身、手連為一體，勁從掌緣發出。

28.掩手捶

<釋義>

此為捶法。我用左手化解對方打擊，擒拿對方手臂，為掩護，故是「掩手」。我右手為捶，在對方受到牽引而背勢時，突然連續擊向對方手臂和面門，合稱掩手捶，掩手在先，捶擊跟後。

<動作>

重心移到右腿。同時，雙手以順時針方向向右畫圈。然後重心再移到左腿。雙手同時以順時針方向再向左畫圈，左手畫至胸部前方左側，掌心向前；右手變拳，運至左臂肘彎上部（圖2-63、圖2-64）。

<心法>

身勢圓活，左領右作，運下貫上，意靈氣徹。

<練法>

(1)練形

①脊柱自然挺直，胸前與兩臂間虛空圓滿。

②兩臂輕鬆自然，不聳肩、不抬肘。

③腰胯放鬆，重心隨勢而轉換。

圖2-63　　　　　　　　　　圖2-64

（2）練　意

打手意念：

①若對方用拳擊我或用手抓我左臂，我以左臂向右畫圓，化解並牽引對方勢力。

②若對方欲撤勢，我則左臂轉回，以左肘突擊對方胸肋，並以右拳突擊其面門。

行氣意念：

①內氣至兩胯，並下至兩腳湧泉穴，使腰胯靈活，兩腿穩固有力，順勢變動重心。

②內氣沿督脈至肩背和兩臂，使兩臂旋轉靈活。

29. 抱頭推山

<釋　義>

抱頭是對本勢中動作的直接描述，推山是指兩手向前

圖2-65   圖2-66

推出，推的對象像山一樣堅固、沉重和龐大，是一種意念方法。

抱頭和推山這兩個動作是前後相續的。在打手中，若對方用兩手來推我前胸，我則以左腿為重心，兩手向上拿其肘臂，向右轉身，將來勢化解。隨後我重心移到右腿，身勢向前，並向左轉身，兩手推向對方，將其發出。

<動 作>

以左腿為重心，身體向右轉動60度。兩手相對向兩側分開至身體左右，左手為順時針方向，右拳變掌為逆時針方向。然後身體向左轉回。同時，兩手從兩側上行畫圈至頭部兩側。隨後重心移到右腿，左腳上步。兩手經頭部兩側向前方推出（圖2-65、圖2-66）。

<心 法>

沉氣求本，岱岳主根，意回身轉，虛實分運。

<練 法>

(1)練 形

①以左腿為重心身體右轉，身體不要後仰。

②百會穴似有線繩向上牽引，全身各關節放鬆，脊椎自然拔長。

③兩臂旋轉運動與轉身運動相互協調一致。

(2)練 意

打手意念：

①若對方以兩手推我前胸，我則以兩手托其肘部，並轉身將對方向右發出。

②若對方撤勢回走，我則轉身返回，並以兩手推其肩臂將對方發出。

行氣意念：

①內氣至腰胯，並下至左腳湧泉穴，接地氣，穩定重心。

②內氣沿督脈至肩背，再至兩臂，並至兩手勞宮穴。

30. 前後照

<釋 義>

前後照就是前後皆要照應的意思，前後左右皆有照顧，這是典型的左顧右盼之法，故簡稱前後照。也可以意象為一個道人手持一面照妖寶鏡，前面照一照，後面

圖2-67 圖2-68

照一照。

「煉成便會知人意，萬里誅妖一電光」，誅殺心中的各種牽掛和煩惱，是進一步練功的前提。

<動 作>

重心向左腿移動。同時，右手變掌從右向左畫圈至右臂內側。然後重心再移向右腿。左手從左向右畫圈，使雙臂成交叉，右臂在外，左臂在內。然後，重心再移到左腿。同時，身體向右轉90度，右手向右擺動至胸前方（圖2-67、圖2-68）。

<心 法>

腰胯樞軸，顧盼左右，胸懷空靈，動求靜修。

<練 法>

(1)練 形

①兩腿間重心隨勢轉換，保持腰胯的放鬆靈活。

②身、腿、臂三者保持協調一致。右臂向左揮動，身體則微左轉，形成左六右四重心；左臂向右揮動，身體則微右轉，形成左四右六重心；隨右臂向右回擺，則重心完全移到左腿。

③身體正直，在向左或向右移動重心時，不能太過而使身體歪斜。

④兩臂與前胸之間保持虛空圓滿之形，兩肩關節要放鬆。

(2)練 意

打手意念：

①若對方用右拳擊我，我則以右臂順其來勢擊其右臂，牽引其來力而化之。

②在我的牽引下，對方身體前傾，我隨即以左手拿其右手，而以右手擊其面門。

行氣意念：

①內氣從小腹部至兩胯，使重心轉換靈活；再分至左右腳湧泉穴，接地氣穩定重心。

②內氣從命門沿督脈至肩背，使關節放鬆靈活，兩臂輕鬆畫圓；再至左右手掌，則使前後左右照應。

31. 野馬分鬃

<釋 義>

野馬奔跑，鬃毛分乍，氣勢可達到每個毛尖，用此形象描述本勢，非常貼切。我以一腿為重心，向側前方

邁步並同時出手，以重心腿為根，勁力由腰脊直達手臂，內氣直透毛孔，從動作和氣勢上都猶如野馬之鬃毛分乍，故稱野馬分鬃。

＜動作＞

右腳先向左腳處回收半步，然後向右前方邁步。同時，右手順時針先向左再向右向前畫圈至右前方，右手與右腳相對，左手則向後收至左胯處，此為右野馬分鬃。接著重心移到右腿；同時，左腳跟進至右腳處成虛步，然後左腳向左前方邁步。同時，右手收至右胯處，左手逆時針先向右再向左向前畫圈至左前方，左手與左腳相對，此為左野馬分鬃（圖2-69～圖2-71）。

圖2-69

圖2-70

圖2-71

＜心 法＞

氣通腰脊，意著手臂，根腿紮實，上下聯繫。

＜練 法＞

（1）練 形

①在一腿重心穩固的前提下，另一腿起步向前側方輕落腳。

②在邁步落腳的同時，同一側的手臂也輕抬起，並在重心移向前腿的過程中，手臂也向右上方畫圓，勁意的感覺在手臂前側皮膚。

③在進腿時，身體要正直，不能向前俯身；在重心向前移時，身體不要歪斜。頭頂百會穴似有線繩向上牽引。

④肩、胯關節相對應，要一起放鬆，使進步、轉臂都靈活如意。

（2）練 意

打手意念：

①若對方以右拳向我擊來，我則以右手接其右臂，並向右轉身，然後邁左腳至對方身側。

②對方勢力走空，則欲回撤，我趁勢上身，以左臂將對方發出。

行氣意念：

①內氣至重心腿湧泉穴，接地氣穩固重心。

②內氣轉至兩胯，另一腿靈活邁步前出。

③內氣至肩背，使出腿同側的手臂靈活畫圓。

④內氣至前出腿之湧泉穴，使重心前移，並沿肩背至前出手臂，使勁意集中在手臂前端上。

32. 玉女穿梭

<釋 義>

玉女者，仙女也、牛郎之織女也，用美好之玉來形容她。玉女運梭，穿經帶緯，飄逸靈動，恰可用來形容本勢。

在本勢中，先以左腿為重心，右手化對方來勢後，右腿前邁；同時右手以穿掌式向前刺去，然後重心前移到右腿，左腳前邁；同時，左手以穿掌式向前刺去，接著再翻轉身體，右腳進一步前邁，右手畫圓發出，左右連續的前行運動就像玉女穿梭一般，連續不斷，輕盈活躍，一氣貫穿。

<動 作>

重心移到左腿，雙手一起順時針向後畫圈。同時，右腿抬膝，然後右腳向前踩出。右手順時針向上翻掌向前穿出，左手順時針先前出至右肘前再收到腹前。

然後重心移到右腿，隨後左腳向前上步。同時，左手向前方穿掌，掌心向下，右手同時回拉至身前。身體稍右轉，然後重心向前移到左腿，以左腿為中心，身體向右後轉180度，右腳順勢邁向左腳的左側前方。同時，左手隨轉身順時針畫圈至面前。

隨後重心移向右腿。同時，右手在內順時針先向左

再向右畫圈至身體右側前方，掌心向前，左手則在外繼續順時針畫圈向下向左至左胯處（圖2-72～圖2-75）。

　　＜心法＞

　　身活靈意，連貫一氣，掌臂運勢，展開隨機。

圖2-72

圖2-73

圖2-74

圖2-75

〈練 法〉

(1)練 形

①兩腿之間重心多次轉換，要保證在重心穩定的前提下前出另一腿，出腿靈活，落腳輕靈，不能有跨步現象。重心轉換過程要靈活，有圓活之趣。

②保證身體中正安舒，不歪斜，不前傾後仰，不僵硬，自然挺直。

③手臂始終與身腿運勢協調一致，相互配合。

(2)練 意

打手意念：

①若對方用拳擊我，我則以左手抓其手腕，並向我側後畫圓，牽引其來勢，然後以右手掌刺其面門、雙目或咽喉，這也叫「白蛇吐信」。

②若對方回撤勢力，向後或側面躲避，我則邁左腿進身，用左手掌再刺其面門。

③若對方還躲閃，我則連環進招，以左手摟擊其頸項並向右後方向帶領，將其發出。

行氣意念：

①內氣從小腹部下至兩胯，兩腿轉換靈活如意。

②內氣先至左腳湧泉穴，然後隨重心轉換再至右腳湧泉穴，最後換至左腳湧泉穴。內氣迴旋轉移，穩固身體重心。

③內氣沿督脈至肩背，再至兩臂及手掌指，有內氣外發之意。

33. 跌岔

<釋 義>

以對本勢中第三組動作的直接描述來命名本勢。跌為下落、下跌，岔為分岔，在本勢第三組動作中，以右腿為重心而屈腿下蹲，使身勢下落，稱為跌；同時，左腿側伸而展開，兩手臂從中分開畫圓向兩側展開，其形勢如分岔，故稱跌岔。

<動 作>

雙腳併立。兩手從兩胯處相向向上至胸前合掌，掌心相對，接著繼續上行至頭部，然後分手向兩側畫圈向下再向中間，收攏至腹前變成拳，拳心向上，左手為逆時針，右手為順時針。

然後兩拳分開向外自下而上，左手為順時針，右手為逆時針，從兩側畫圈至頭部前方併拳，拳心向前。同時，右膝抬起，隨後右腳落地為重心並下蹲，左腳向左側鏟出。兩拳分手向兩側畫圈落下成擔扁擔勢（圖2-76～圖2-78）。

<心 法>

上敬下迎，氣行中庭，鬆節毫發，意主心領。

<練 法>

(1)練形

①頭容正直，似有線繩向上牽引。

②身體上拔，肩關節放鬆，胸部與兩臂間虛空圓滿。

圖2-76　　　　　　　　　　　圖2-77

圖2-78

③兩臂運動過程中，兩肘尖始終要指向下方，不要抬起。

④右腿屈腿下蹲時，身體不能前俯或歪斜，要保持正直挺拔。

（2）練 意

打手意念：

①若對方用雙掌推我或擊我，我則雙手合掌上走，並左右分手以制其雙臂，化引其來勢。此為「童子拜佛」。

②若引對方身體前傾，我則雙手變拳上擊其頭部兩

側；同時，抬右膝頂其襠部。此為「雙峰貫耳」。

③對方若負痛欲退，我則以右腳踩踏其腳面；同時，以拳捶擊其頭面，然後以左腳蹬踹其小腿迎面骨，將對方發出。此為「跌岔」，最後的定勢也叫「二郎擔山」。

行氣意念：

①內氣沿督脈上至肩背，使兩臂虛空輕靈，然後隨兩臂運動回歸小腹部。

②內氣從小腹部至兩胯，再至左腳湧泉穴，左腿重心穩固，使右膝靈活提起。

③內氣上至兩手臂並至拳頭，內氣有外發之勢。

④隨右腳下落，內氣至兩胯、膝部和兩腳湧泉穴，使兩腿自然屈伸。

34. 掃堂

<釋　義>

用掃帚打掃廳堂，是為掃堂。以左腿為支撐，身體左轉180度，用展開之右腿順勢畫擺，就像用掃帚掃地一般，所以把本勢形象地稱為掃堂。

<動　作>

重心逐漸移到左腿；同時，身體上起，並向左轉180度，右腳逆時針向左畫圈收至左腳處。右手隨之畫圈至腹前，左手收至左胯處（圖2-79、圖2-80）。

<心　法>

轉在根樞，腰脊挺固，上領意氣，下有靜篤。

圖2-79　　　　　　　　　圖2-80

＜練 法＞

(1)練 形

①以左腿為重心，身體向左轉，要保持身形挺直不歪斜，頭頂似有線繩向上牽引。

②腰胯要放鬆，使右腿靈活旋轉。

③兩臂從張開自然回收到小腹兩側，成抱元守一之勢。

(2)練 意

打手意念：

①若對方用左手抓拿我左臂，我則以右腿為重心，左轉身牽引其來勢。

②若對方欲撤勢時，我則將重心轉換到左腿，上以兩手回送其左臂，下以右腿掃擊其兩腿或支撐腿，將對方放倒在地。

行氣意念：

①內氣從小腹部至兩胯，使重心靈活向左腿轉換。

②內氣至左腳和右腳湧泉穴，使左腿重心穩定；同時，右腿掃出。

35. 金雞獨立

<釋 義>

漂亮高大的金色雄雞稱為金雞。本勢的動作為一側單腿支撐，另一側提膝擎手，故用金雞獨立的形象來形容，以此命名本勢。

<動 作>

以左金雞獨立為例，右手從腹前順時針畫圈上抬至頭部，由頭部左前側向頭部右後側旋繞至右腮處，左手在左腹處。然後以左腿為重心，身體右轉90度；同時，右腿提膝抬起。右手上舉至頭部右上側，掌心向前（圖2-81、圖2-82）。

<用 法>

蟠龍上擎，心淵深靜，根連身勢，四海平定。

<練 法>

(1)練 形

①頭容正直，頭頂似有線繩向上牽引。

圖2-81　　　圖2-82

②身體脊椎挺直拔長，節節貫通。

③兩手相對上下運動，有對拉彈性之意。上行手臂要輕靈，手臂自然彎曲，不要別勁。

④支撐腿重心要穩固，上抬腿要鬆活，不要僵硬。

⑤抬腿和舉手要協調一致。

(2)練 意

打手意念：

①若對方用右手來插我咽喉或面門，我則以右手先向左向上旋轉，化開對方來勢，然後拿其手腕，向右側牽引，使對方落空。

②當對方身體前傾時，我抬右膝頂其襠部，並用右手旋回，叉其脖頸和下顎，將對方發出。

行氣意念：

①內氣沿督脈上行至上舉臂，使上舉臂靈活旋轉。

②內氣從小腹部下至兩胯，使重心轉換靈活；再下至兩腳湧泉穴，穩定支撐腿，並使抬起腿靈活而有上沖之勢。

36.雙震腳

<釋 義>

本勢中，兩腳相繼快速連續向下踩踏，震動地面，故稱雙震腳。

<動 作>

以右腿為重心，左腿和左肘同時順時針先向下後向上再向下畫圓，接著左腳落地並為重心，右腳連著起落

踩下（圖2-83）。

<心法>

意隨氣周，旋環左右，上領下落，踏足勁透。

<練法>

(1)練形

①左腿和左臂都是隨身體上下運動而被帶動的，不只是腿、臂的單獨運動，所以全身各部要成為協調一致的整體。

圖2-83

②身體的上下運動是靠右腿的下屈上張來實現的，右腿的支撐勁力的訓練非常重要。

③頭容要正直，頭頂似有線繩向上牽引。

④兩腳向下的落踏動作要連貫、迅速。

(2)練意

打手意念：

①若對方擒拿我左臂，我則以右腿為重心，左臂向下向左運動，牽引對方來勢。

②當對方被牽引欲撤身時，我則以左腿纏繞控制其前出之腿，並以左掌擊其面門，使對方向後跌倒。

行氣意念：

①內氣從小腹部至兩胯，並至右腿湧泉穴，使右腿重心穩定，具有支撐力，靈活屈張膝部。左腿靈活隨勢畫圓螺旋運動。

②內氣沿督脈至肩背，並至左手臂，使左臂輕鬆靈活螺旋轉動。

37. 小擒拿

<釋　義>

前面所述的擒拿勢，是借用對方擒拿我的勢力，用巧順其力而將對方拿下。在本勢中，假若對方用左手來擒拿我的左手掌或手腕，甚至用右手來控制我的左肘部，我則以右腿為重心，身體向右轉動，左臂也隨之向右旋轉，引進使其勢力落空；同時，出左腿深入其後側設置伏兵。

對方欲擺脫落空之局面，剛想回收其勁力，我則發動突然反擊，反擒拿其左手臂；同時，左腿回勾，左右手上下翻轉，將對方打翻在地。

這是第二種擒拿法，稱之為「小」，是因本勢序在後，猶如言「第二」，不是根據動作幅度的大小。

<動　作>

以右腿為重心，左腳上步。左手先向前再向後，右手先向後再向前，兩手相對順時針畫圓，在身前成抱球狀，左手在上，掌心向下；右手在下，掌心向上。然後左腳回收成虛步。同時，兩手相對逆時針畫圓，左手先向前再向後，翻轉到下方；右手先向後再向前，翻轉到上方，在身前成抱球狀，右手掌心向下，左手掌心向上（圖2-84～圖2-86）。

圖2-84　　　　　　　圖2-85　　　　　　　圖2-86

<心 法>

氣至胯腿，靈活順隨，腰脊樞轉，上翻下墜。

<練 法>

(1)練形

①重心始終全在右腿，則左腿靈活收放。

②向右轉身時，身體不要向右側歪斜；向左回轉時，身體不要前傾。

③左臂向右牽引時，動作要輕柔，當兩手翻轉發放時，勁是由右腿的支撐勁、腰脊的轉折勁和肩背的凝聚勁所組合。

④前胸與兩臂之間保持虛空圓滿之勢，虛實結合，剛柔相濟。

(2)練 意

打手意念：

①若對方用左手抓拿我左腕時，我身體右轉，帶動左臂牽引對方勢力。

②當對方欲回撤勢力時，我預先出其右側的左腳回勾；同時，身體左轉，兩手上下翻轉，以擒拿對方左臂，將其發放出去。

行氣意念：

①內氣從小腹部至兩胯，再至兩腳湧泉穴，使右腿重心穩定，左腿靈活多變。

②內氣沿督脈至肩背，使兩臂上下前後相互翻轉，與左腿回勢形成交錯勁。

38. 單擺腳

＜釋 義＞

「單」是指用一個手臂，它起著引進對方勢力而使其落空的作用。「擺腳」是腿法的一種，它用以反擊對方。單擺腳這一勢採用的上下互托互助之法，由上來引進敵人，由下來攻擊敵人。

＜動 作＞

左腳上步成弓步。兩手相對順時針畫圈翻轉，在胸前成交叉十字手，左手在右側上，掌心向下；右手在左側下，掌心向上。

然後以左腿為重心，右腳順時針先向左再向右側畫

圖2-87

圖2-88

圈擺踢。同時，左手從右向左畫圈，在擺腳高點時拍擊腳面（圖2-87、圖2-88）。

＜心 法＞

根腿沉屈，梢節鬆虛，心靈自由，上下合聚。

＜練 法＞

(1)練 形

①保證左腿支撐腿的穩固，並使左腿稍有屈腿。胯部放鬆，使右腿儘量畫大圓擺動。

②身體一定要保持豎直，不能彎腰前俯或後仰。頭頂似有線繩向上牽引。

③肩關節放鬆，左臂向左畫圓擺動要與擺腳協調相交錯，腳背與手掌要相擊。

(2)練 意

打手意念：

①若對方用右拳擊我，我則以左手接敵，然後向右

轉身，牽引對方向我右側落空。

②我起腳踢對方襠部，對方欲撤回勢力，我左手乘勢回擊其面門。

行氣意念：

①內氣從小腹部下至兩胯，使腰胯放鬆；再下至左腿膝部和左腳湧泉穴，穩固支撐重心。

②內氣沿督脈上至肩背，手臂靈活畫圓；再至左手臂，可靈活抓拿。

③內氣至右腿，使右腿向左畫圓擺動。

39. 指襠捶

<釋 義>

「指」在這裡是依靠、運用的意思；「指襠」即用襠、運襠的意思。本勢以腰胯來靈活地變換重心，先行化解對方來勢，然後透過襠胯的運動，並將內氣向背脊運行，從而使右臂畫圓掄捶擊打對方之要害部位，將對方發放出去，故稱指襠捶。

<動 作>

右腳落下在後，右手變拳後撤至右側，然後重心移到右腿。左手變拳逆時針畫圈至左胯處，右拳逆時針畫圈從右側向上向左，由胸前落下至腹前，拳心向下（圖2-89、圖2-90）。

<心 法>

氣運胯襠，心意無雙，身內一致，柔中合剛。

圖2-89　　　　　　　　　圖2-90

<練法>

(1)練形

①在進行捶擊時，身體要保持正直，不要向前俯身。

②保持腰胯放鬆，由運襠使重心靈活變換。

③手臂的圓轉運動要與重心的轉換和身體的轉動相一致。

(2)練意

打手意念：

①若對方以右手擒拿我右手，我則向右轉身，牽引其來勢，使其勢力落空。

②當對方欲撤回身勢時，我以右拳擊其頭面部。

行氣意念：

①內氣從小腹部至兩胯，並下至兩腳湧泉穴，先成左四右六之穩定重心，再以內氣運襠成左六右四之局勢。

②內氣沿督脈至肩背，使肩關節靈活，再至右臂，使上下運捶圓活。

40. 七星勢

＜釋　義＞

本勢完成定式的形態與北斗七星的形態相似，並也有頭、手、肘、膝、腳共七個突出部位，故用「七星」來比擬命名本勢。在本勢運行過程中，身勢迅猛地從上下落到地面，給人以星辰下落、砸向地面的動感，所以也稱為砸七星。

＜動　作＞

以左七星勢為例，右手逆時針從右向左畫圈至胸部左前方，然後兩手同時逆時針向右畫圈，左手至胸前，右手至身體右側。同時，重心移至右腿，隨後右腿屈膝下蹲。雙手繼續逆時針畫圈，右手至頭部右側，掌心向外，左手至左大腿內側，掌心向右（圖2-91、圖2-92）。

＜心　法＞

七星一體，照應由氣，上舉下落，極辰為意。

＜練　法＞

（1）練形

①全身各關節放鬆，尤其放鬆腰胯，使支撐腿屈張靈活，隨練習日久，腿部支撐力日長。

②在下勢過程中，身體保持正直挺立，不能向前俯身。

圖2-91   圖2-92

③頸部放鬆，頭容正直，頭頂似有線繩向上牽引。

④肩臂放鬆，兩臂畫圓旋轉，與下落身勢協調一致。

(2)練 意

打手意念：

①若對方用右手擒拿我左手或左腕，我則以右手配合左手控制對方來手，然後向左下方畫圓牽引對方。

②若對方欲撤回勢力，我則以左手反拿其手腕畫圓返回，將對方摔倒在地。

行氣意念：

①內氣從小腹部下至兩胯，使兩腿屈伸靈活自如。

②內氣再下至兩腳湧泉穴，使支撐腿穩固生根，使側伸腿自如伸張。

③內氣沿督脈上至肩背，兩臂靈活自由旋轉，再至兩手臂，意念集中到兩手。

41. 小擒打

<禪 義>

　　小擒打這個名稱是對本勢在打手中運用的直接描述。擒住對方手臂向我懷中牽引，這不是目的，而是為後面用雙拳擊打對方做準備，所以稱為「小擒」。

　　對方被牽引後，急欲向後掙脫，我則乘勢擊打將對方發放出去。

<動 作>

　　以右勢為例，起身成右弓步。右手隨起身上抬至前方，左手逆時針畫圈也上抬至前方，兩手掌心向上，兩腕相交，右手在上，左手在下。然後重心移到左腿。同時，雙手向上向後回收，然後變拳收至胸前，左拳在左，右拳在右，拳心向內。然後重心移到右腿，左腳跟步成虛步。雙拳畫圓下落向前擊出，拳心向下（圖2-93～圖2-95）。

<心 法>

　　根固密實，腿身一致，運轉迴旋，氣行統勢。

<練 法>

（1）練 形

　　①身體要正直，在起身和迴旋的過程

圖2-93

圖2-94　　　　　　　　　　圖2-95

中，既不向前俯身，也不向後仰身。

②腰胯要放鬆，兩腿之間的重心轉換要靈活。

③兩肩放鬆不聳肩，兩臂與前胸之間虛空圓滿，似有無窮牽引空間。

(2)練 意

打手意念：

①若對方欲用手擊我，我則以兩手從下向上擒拿其手臂，然後順勢向我懷中牽帶，使其勢力落空。

②若對方欲回撤其勢力，我則雙手翻轉變拳，重心移向前出腿，雙拳向對方胸腹部擊打。

行氣意念：

①內氣至兩胯兩腿，起身使重心向前移，成前六後四。

②內氣至後腿腳的湧泉穴，使重心全部移到後腿。內氣迴旋至前腳湧泉穴，使重心全部移到前腿。

③內氣沿督脈上行至肩背，使兩肩放鬆，再至兩手臂，使其靈活擒拿和出拳。

42. 回頭看畫

<釋 義>

回頭看畫這個名稱是對本勢動作形象化的形容。假如對方用左拳向我擊來，我則以右腿為重心，以左臂接住對方左臂；同時向左轉身，將對方向我身後引領，並起左腿設絆，然後我則將重心移到左腳，右腳上步使身體轉到180度位置；同時，右手向對方擊去，使對方向我身後栽倒。

這一動作過程猶如回頭看畫一般，意念從開始就指向了身後。

<動 作>

雙拳分開在胸前相對向外畫圈，左手為逆時針，右手為順時針。同時，重心移到右腿。然後兩拳繼續從下向上畫圈，左手逆時針畫至胸前，右手順時針畫至右肩外。隨其勢提起左腿，然後向左側落下。同時，身體向左轉90度，右腳跟隨與左腳齊平。

左拳逆時針畫圈上舉至面前，右拳逆時針畫圈向下擊出至腹前；然後右拳上舉，雙拳並舉至面部前方，拳心向內（圖2-96～圖2-98）。

圖2-96 　　　　　圖2-97 　　　　　圖2-98

＜心 法＞

氣運肩臂，腰腿順隨，意著身後，輕鬆自利。

＜練 法＞

(1)練 形

①頸項放鬆，頭容正直，頭頂似有線繩向上牽引。

②立身正直，在轉身時不歪斜，在捶擊時不向前俯身。

③腰胯放鬆，重心全在右腿而有沉墜之意。

④左臂畫圓運動與左腿外擺形成一致，皆有虛靈之意。

⑤左腿下落成為重心腿後，右腿和右臂則隨繼續轉身而捶擊發勁。

(2)練 意

打手意念：

①若對方用拳擊我，我則向左轉身，並以左臂畫圓

擺動壓迫牽制其前側手臂，使對方勢力落空。

②當對方被我化勁牽引，在我左側形成背勢時，我則進一步轉身，以右拳捶擊其頭部、腰部等薄弱部位，也可起右腿踢或蹬對方小腿。

行氣意念：

①內氣從小腹部下至兩胯，並下至右腳湧泉穴，以右腿重心穩固為前提，輕鬆起左腿而轉身，並使左腳輕靈落步。

②內氣再迴旋至左腳湧泉穴，使重心移到左腿，然後起右腿並轉身。皆為內氣運腰胯腿之功。

③內氣沿督脈上行肩背，肩關節放鬆，左臂順隨身勢而向左領勁，意念集中在左臂。

④內氣繼續通行右肩背和右臂時，右手成拳向前向下畫圓，有沉墜向下之意。

43. 跨虎

<釋義>

中華太極文化中，龍虎意象非常重要，至少有上萬年的歷史傳承，濮陽西水坡遺址出土的龍虎造型是七千年前中華文化的真實宇宙圖景。龍躍東海，虎踞西方，表明了宇宙人生的後天陰陽運行規律：東方升陽，西方降氣。內功修煉中要調此內氣，也就應用了此龍虎意象。張伯端《悟真篇》說：「西山白虎正倡狂，東海青龍不可當。兩手捉來令死鬥，化成一片紫金霜。」又

說：「牽將白虎歸家養，產個明珠似月圓。」說明「虎」在修煉中的重要地位。

在本勢中，以虎當坐騎，是養虎為用，此跨虎之思，意境高遠，神接西方，降氣而養，故此跨虎勢對太極修煉的指示性作用非常重要。我此飄然一跨步，太極圓圈降甘露，東龍西虎靜心養，陰陽合氣產丹珠。

＜動 作＞

右腳在前為虛步。雙拳在面前形成交叉，右拳在外，左拳在內，拳心向兩側。然後重心移向右腿，左腳跟進與右腳平齊。同時，雙拳變掌相對分開，在胸前向下再向上畫圈，左手為順時針，右手為逆時針方向，使雙手在面前相合。然後重心移到右腿。

左掌變勾手從左側下畫至後腰部，右掌落在胸前方；然後右手領勁，以順時針方向向右畫圈。同時，以右腿為重心，抬起左腿向右畫圈撩起。左手跟隨向右畫出，身體向右轉180度。隨後左腳落下在左前方。兩手隨轉勢畫圈至面前，與眼同高，掌心向外（圖2-99～圖2-102）。

＜心 法＞

督脊勁領，右腿樞根，意氣一體，轉身輕靈。

＜練 法＞

(1)練 形

①頭容正直，從百會穴到會陰穴一線始終與地面垂直，頭頂好似有線繩向上牽引，椎骨自然拔長放鬆。

圖2-99　　　　　　　　　　圖2-100

圖2-101　　　　　　　　　　圖2-102

②肩部放鬆，兩臂與前胸之間保持虛空圓滿之勢。

③腰胯放鬆，保持右腿的重心穩固，使左腿畫圓輕靈圓活。

（2）練 意

打手意念：

①若對方用右手擒拿我右手，我則向右轉身，右手向我身後牽引對方勢力。

②在對方勢力落空成為背勢時，我則以左手擒拿其後頸，將對方發出。

行氣意念：

①內氣從小腹部至兩胯，使重心完全移到右腿，內氣再下至右腳湧泉穴，使右腿重心穩固。

②內氣在兩胯，使左腿靈活畫圓擺動。

③內氣沿督脈至肩背，並至兩手臂，兩臂靈活螺旋轉動。

44. 雙擺腳

＜釋 義＞

雙手接對方攻擊之手臂而化解牽引，此為「雙」，隨後起腳進擊對方的下盤，合稱雙擺腳。

＜動 作＞

重心移到左腿成弓步。雙手順時針向右畫圈。同時，身體微向右轉，隨後以左腿為重心，右腳順時針先向左再向右畫圈外擺上踢。雙手從右向左畫出拍擊右腳面（圖2-103、圖2-104）。

＜心 法＞

屈腿身正，腰胯放鬆，心胸虛含，內主靜動。

圖2-103   圖2-104

<練 法>

（1）練 形

①保證左腿支撐腿的穩固，並使左腿稍有屈腿。胯部放鬆，使右腿儘量畫大圓擺動。

②身體要保持正直，不能彎腰前俯或後仰。

③頭容保持正直，頭頂似有線繩向上牽引。

④肩關節放鬆，兩臂向左畫圓擺動要與擺腳協調相交錯，腳背與手掌要相擊。

（2）練 意

打手意念：

①若對方用拳擊我，我則以雙手拿其來臂，然後向右轉身，牽引對方向我右側落空。

②我起腳踢對方襠部或腿部，對方欲撤回勢力，我雙手擒拿其手臂乘勢將其向左發出。

行氣意念：

①內氣從小腹部下至兩胯，使腰胯放鬆；再下至左腳湧泉穴，使重心穩固。

②內氣沿督脈上至肩背，並至兩手臂，使手臂靈活畫圓和抓拿。

③內氣至右腳湧泉穴，使右腿向左畫圓擺動。

45. 彎弓射虎

<釋 義>

本勢名稱取「李廣射虎」之典故。李廣，漢武帝時名將，人稱「飛將軍」。一天夜裡帶兵在外巡查，忽見遠處有一黑影，像是有一隻猛虎，急忙彎弓搭箭，用勁射去。但奔近一看，射中的卻是一塊巨石，而且箭鏃已深陷石中，可想此勁力非凡。之後，他又有意去射這塊石頭，可無論怎麼使勁，箭也射不進這個石中。這說明人在情急之下，能調動出內在的無窮潛力。

本勢就是要用意念來調動自身的潛力，使身心合一，能收能發，隨心所欲。本勢的動作也與彎弓射虎相似，對方擒拿我手臂，我則旋轉手臂，向後收縮，就像彎弓之勢，使對方成背勢後，我則雙拳出擊，意著其遠，將對方發出，是為「射虎」。

<動 作>

左腳在前，右腳在後，隨重心向右腿移動。同時，雙手從前向後逆時針畫圈至腹前，然後雙手變拳從腹前

圖2-105　　　　　　　　圖2-106

逆時針畫圈向前方擊出，左拳在前，為正前方；右拳為後，在頭部右前方，拳心向外向下。同時，雙腿成左弓步（圖2-105、圖2-106）。

〈心　法〉

旋臂回引，轉腰胯運，我順他背，挫動其根。

〈練　法〉

(1)練　形

①兩臂與前胸之間成虛空圓滿之勢，在向後收回牽引時，具有無窮盡的包含空間。

②腰胯放鬆，使重心向右腿移動，再靈活向左腿移動。

③身體正直，脊椎節節拔長放鬆，使左右圓轉靈活。

(2)練 意

打手意念：

①若對方用右手擒拿我左腕，我則邊旋左臂邊向右後側畫圓運動，在牽引對方來勢時，還使對方逐漸變成背勢。

②對方為解救其背勢，欲用左手擊我，我此時則乘其背勢，左手變拳並畫圓旋轉返回，擊向對方面門，另右臂旋轉向前，化解並打擊其左手的進攻，兩手隨身勢向前運動而將對方發出。

行氣意念：

①內氣從小腹部至兩胯，並下至兩腳湧泉穴，運腰胯移動重心，先成左四右六之穩定重心，再以內氣運襠成左六右四之局勢。

②內氣沿督脈上行至肩背，使兩肩放鬆，再至兩手臂，使兩臂圓轉運動並出拳進擊。

46. 收 勢

＜釋 義＞

此「收」是針對以上各拳勢的連貫套路而言，最後一勢，是為收勢，與起勢相對。作為單勢，也稱為「合陰陽勢」。

本勢將從動態回歸靜態，動態是陰陽反覆、流轉行氣之狀態，靜態則是回歸本根，又成太極狀態。由太極變為陰陽態，再變成萬事萬物，這是自然的發散狀態，

圖2-107　　　　　　　　　　圖2-108

而由繁複紛亂回歸太極，則是自然的收斂狀態。

太極時，一片安靜，霎然清束，皆歸本源，無數細流皆匯回大海，這個元氣直通先天本根，這就是收勢的重要意義。

<動 作>

左腳後退半步，右腳隨之後退並與左腳平齊。同時，雙手分開從身體兩側向外向上再向內相對畫圈至頭部兩側，然後下落至兩胯處。重心落在兩腿中間（圖2-107、圖2-108）。

<心 法>

回歸太極，走架本意，靜氣得養，丹功目的。

<練 法>

(1)練形

①雙手畫圓回收時，身體要保持正直，不要向前俯

身。

②頭容正直，頭頂似有線繩向上牽引，使頸椎、胸椎、腰椎和骶椎皆成拔長放鬆之態。

③兩胯放鬆，在左腿重心穩固的前提下，右腿輕靈向後落步，重心從左腿轉換至右腿，有圓活輕盈之意。

④兩臂包含虛空，似將宇宙之氣收納到我的腹中氣海。

(2)練 意

打手意念：

①若對方用兩手擒拿我兩臂，我則旋臂分手向上，並隨身勢向後，牽引對方勢力前撲。

②我則乘勢抬左腿膝部頂其前來之襠部，並以兩手擊其面門。

行氣意念：

①內氣從小腹部向兩腿貫注，直至兩腳掌的湧泉穴，而與地氣相接。

②內氣由命門沿督脈上行至脊背。

③內氣使兩胯轉換重心至右腿，左腿則向後退步。

④內氣從脊背至兩臂，並使意念貫注五指，以此牽引兩臂隨腿腳及身體的後退而旋臂打開至身體兩側。

⑤內氣使兩胯轉換重心至左腿，催動右腿向後退步，然後內氣灌注兩腿及兩腳湧泉穴，使兩腳平齊，兩腳之間成自然狀態。

⑥兩臂隨左腿後退而下落，以兩臂下落為導引，內

氣從四肢、頭部等各處回歸小腹部，宇宙生命真氣也相應收進我腹中。這時從動態返回到靜態，回歸抱元守一之太極勢。

四、修煉要點

三豐祖師說：「虛靈，含拔，鬆腰，定虛實，沉墜，用意不用力，上下相隨，內外相合，相連不斷，動中求靜，此太極拳之十要，學者之不二法門也。」

1. 虛靈

虛是虛空、是虛無；靈是生命的靈動，是神氣的表現。沒有虛靈，周身一氣則澀滯而運行不利，身體則沉重、拙笨，無靈巧可言。只有神虛，才能體靜，才能在外感知萬事萬物微小的變化，在內斡旋自身的氣機運轉。只有意靈，才能使陽氣散佈周身，無微不至；才能使我們的身心與宇宙自然相契相合。蔣發先師說：「虛靈在中。」就是由心意來領導。

先使心意放鬆，剪除外界和思慮的干擾，專注自身，檢查渾身上下是否有任何一處還沒有放鬆，然後觀氣運轉之靈機，行氣遍及周身百骸，帶領腰胯肢節運動。儘管這也是身體的運動，但已與日常習慣性的運動有所不同，他是「虛靈在中」，心意主導，久而久之，身心將合為一太極。

2. 含 拔

含是包含、收攏，拔是拔長、展開。做到了「含」，就能夠「拔」；同樣，實現了「拔」，就能順利地「含」。「拔」是要拔筋骨，我們身體最主要的是椎骨和骨盆，一身是否能靈動，就看椎骨和骨盆關節是否拔開。筋骨經常在「拔」的狀態，骨髓、氣血就能暢通，就能促進他們的吐故納新，激發筋骨的活力，使筋骨堅強有力。

頭容微含，則拔頸椎；胸微內含，則拔胸椎；臀部微含，則拔腰椎和骶椎；胯部微含，則拔骨盆關節。有了筋骨的堅固與靈活，虛靈之意就容易與其合一了。

3. 鬆 腰

身體要實現放鬆，首先要鬆腰。只有腰部筋骨、肌肉放鬆了，氣血才能不受阻礙地到達雙腿，我們的下盤才能靈活。三豐祖師說：「命意源頭在腰隙。」腰不放鬆而僵硬，則氣血流通受阻，則無法養護兩腎和命門這個先天之本。人的生命壽數基本為128歲，這個先天程式就存儲在腎臟之中，若不養護他而破壞了先天之本，人的壽命則會受到影響。所以由鬆腰來養腎護命門。

4. 定虛實

對我們身體來說，虛實是最重要的一對陰陽關係，

必須確定，我們才有所依據。老子說：「虛其心，實其腹」，已說明了兩層大關係。其一，心意為虛，是清虛無礙；身體為實，是心意的歸宿和依賴。其二，上為虛，下為實。這兩層關係不能顛倒。

在這個基礎上，再確定小的虛實關係：身體以百會穴至會陰穴的中線為軸，而有左右。在行功時，陰陽一分，則虛實就定，在同一時刻只可一側為虛，另一側為實，王宗岳先師說：「左重則左虛，右重則右杳。」說的就是左右虛實關係。各肢節也有虛實關係，這些肢節關係主要是臂、身、腿全身各部的三節關係，哪一節遇到阻礙的力量，哪一節就要變成「虛」的狀態。

5. 沉　墜

身體以大地為基本，心意以天空為準則。只有使身體有下沉、墜落之勢，才能和意念分別虛實，才能形成相輔相成的陰陽關係，才不會使身體漂浮無根。

如果能生了根，才能有穩重，心意才能使氣調動我們的筋骨。以生根為本，我們的行為才能從容自然而不會漂浮慌張無措。

6. 用意不用力

用心意為主導是太極拳行功的關鍵，這是以內導外。如果反過來，用力而不用心意，則就成了失去統率的盲動。同時，沒有心意控制下的力量也不可能凝聚，

而是散漫的、僵硬的後天之力，這種力越用則離太極越遠，而不可能形成意、氣、力的合一。王宗岳先師說：「以心行氣，務令沉著，乃能收斂入骨；以氣運身，務令順隨，乃能便利從心。」這就是行功中的使用心意之法，只要按此方法，行拳自然動作順隨，而不會造成緊張，也就不會用後天之力了。

對初學者，在行拳中時刻要注意全身上下各處是否有肌肉、筋脈緊張的地方，並將其放鬆。如果緊張，氣就不通順，動作就不會自如，將來也做不到隨心所欲。

7. 上下相隨

身體上下的關係在練拳中很重要，如果上下不能相互協調、互相順隨，就是一片散亂，稍遇敵人來擊，不是跌倒就是為敵所擒，所以三豐祖師說：「上下相隨人難進。」上欲動，下必先動，下若動，上必跟隨。若要靜，上下各部一致全部達到靜，不可互相抽扯而不統一。

上下的關係中，下為根基，是為陰，上為枝葉，是為陽，若要身體現出陽動之勢，必須下部根基牢固紮實。有了這種關係，上下才能協調和順隨。

8. 內外相合

對我們身體來說，內是心意、是氣血、是骨髓和臟腑，外是觸覺、聽覺、視覺和骨骼、筋膜、肌肉、皮膚等，先做到外三合，這靠練習拳架來做到；再要做到內

三合，這靠動功、靜功相輔練習來達到；最後做到內外
相合，這要靠採用打手法來磨練而實現。

9. 相連不斷

　　相連不斷有兩個意思：一是心意與氣相連不斷，氣
與身形、身勢相連不斷，這個不斷就是要保持連續，不
能因思想雜亂跑飛而時斷時續，注意力一點也不能分
散；另一個意思是，太極拳是圓圈運動，圓圈是沒有起
點和終點的，它是循環無端的，因而拳勢是相連不斷
的。如果有了斷，就不會圓滿，就會凹凸不圓。這樣，
就使外不能達到統一，內不能達到凝聚，內外不能達到
相合，所以要相連不斷，最終渾圓如一。

10. 動中求靜

　　為什麼要「靜」？因為靜是修煉丹功、返璞歸真的
基本方法，只有「靜」，才能使後天之氣回收，最終先
天之氣顯現。有了先天之氣，才能採大藥而修煉丹功。
但要做到長時間「靜」的狀態，沒有身體和精神上的堅
固是不可能的，所以要由「動」，來達到氣血通暢，身
心合一，精神凝聚，有了這種身體狀態，要「靜」則
「靜」自來，這就是動中求靜的基本原理之一。

　　三豐祖師說：「學太極拳，為入道之基，入道以養
心定性，聚氣斂神為主」，「太極拳者，其靜如動，其
動如靜。動靜循環，相連不斷，則二氣既交，而太極之

象成」。動不是亂動，而是以靜定之心性為依據的動，靜不是死寂，而是具有活潑心意的靜，所以動靜相依，相輔相成，而達到動靜相合的太極狀態，這是動中求靜的基本原理之二。

「靜」的目的是要養氣、收斂後天之氣，「動」的目的是要使氣通行全身，使臟腑、骨筋肉等陰精牢固，所謂修宅舍。這樣，動靜就構成了一對矛盾，動中求靜就是協調這一矛盾，在行拳時，使精神內斂，專心致志，用意不用力，意無旁騖，陽氣不泄，這就是動中求靜之法。

五、常見問題釋疑

1. 剛柔相濟

以往一些人喜歡講太極拳是柔拳，認為軟綿綿的最好，實際上這種認識是片面的。

世界上的事情，陰陽、剛柔是相輔相成的，偏柔、偏軟都不是太極拳，只有剛柔相濟，才能完成太極分陰陽和陰陽合太極的運動過程，練太極拳要練到剛柔相濟，才算是達到太極拳的基本要求。

2. 剛勁即是骨力

剛勁的來源是什麼，實際上就是骨力。練太極拳使

骨骼變得既有堅剛之性又有韌性和彈性，各個骨關節具有良好的潤滑性和靈活性，使骨骼系統具有健康的生命活力，逐漸練成如合金鋼一樣的特性，在陽氣外發時，骨力就構成了剛勁的基礎。

3. 柔勁要練筋膜

柔勁正確的意思應該是順隨而不僵硬的控制勁力，它來自我們的筋膜，筋膜柔韌，變化靈活，為骨力之輔佐。練拳可使筋膜張弛有度，它是變化、轉換、速度的關鍵。剛柔相濟則是骨力和筋勁相輔相成的統一和協調。

4. 意念和洗髓

太極拳也叫心意拳，意念帶動行氣，氣使全身各部協調剛柔，具有速度和力量，所以心意和身體的協調統一就是我們練拳的目的。鍛鍊的關鍵是洗髓之法，意念要時刻貫注在全身上下，不能有一絲一毫的分離，這就叫全神貫注。

三豐祖師說：「勢勢揆心須用意」，就是這個意思。久而久之，洗髓功成，心意和身體完成統一，太極拳的鍛鍊就達到了目的。

5. 氣貫兩腿而非氣沉丹田

有些人練拳經常說要氣沉丹田，這是不夠的，因為這樣並沒有完成氣的完整循環。在練拳中應做到氣至兩

腿，從而既能補腎健骨，又能使腿部氣血流通，避免人老先老腿的結果。莊子說：「真人之息以踵。」就是要使氣從上到下完全貫通，達到徹底的身心鍛鍊。

6. 打手法調動潛能

打手法是太極拳修煉最重要的方法，以此來磨練身心，調動我們的身心潛能，把我們平常所碰不到一些應急情況和勁力的發揮在這裡得到反映，使我們得到鍛鍊。不用打手法而使太極拳修煉成功的恐怕沒有，三豐祖師為什麼要發明和使用打手法，就是因為這是太極拳修煉的入門之路。

7. 往返折疊

太極拳的勁路是螺旋勁和圓圈運動及往返折疊。在遇敵攻擊我時，我以圓圈螺旋運動順其攻勢而走，稱為「往」；引敵攻勢落空後，我則合勁返回，將敵發放，此為「返」。因「往返」而構成勁路的折疊，形成「折疊」勁，使敵摸不清我的路數，而瞬間被打出。

8. 生根和平衡

平衡有靜態和動態兩種，在不施以外力的情況下，是靜態平衡，這種平衡在外力的作用下就會被打破而傾倒。在承受不斷變化的外力情況下，而能保持平衡，是為動態平衡。動態平衡需要有根，我們的根就是兩腿，

受力與發勁時兩腿隨勢分別成為重心，而不被外力拔起，這就是根，就是中定。

9. 放 鬆

放鬆包括肌肉放鬆、骨節放鬆以及筋膜有度的張弛，內氣始終流轉全身上下而不散，若沒有氣的統率，身勢就成了散漫，而不是放鬆了。放鬆可使意念集中、氣血通暢，在行拳時，氣如九曲珠，無微不至，則使百脈通行，滋潤全身，久而久之，身心健康，腿也能踢起來了，下勢也能蹲下去了，身體各部生機都活躍了起來，這就是行拳時放鬆的結果。

若沒有真正的放鬆，就可能損害關節，或者造成氣滯血瘀，甚至對臟腑不利。有了放鬆，身體才能聽心意的指揮和調動，才能達到練拳的目的，達到身心的健康。

10. 因人而異

練拳是因人而異的，是根據每個人的具體情況而確定的。比如說拳架的動作不能強求一致，不能說一定要把某個姿勢或動作做到哪個標準位置，都要根據每個人具體的身體情況和對練拳的感受而定。

每個人在練拳的過程中，也是不斷在改變的，比如說今天他蹲不下去，可能他明天就蹲下去了。只要他堅持，向練拳的基本要求上不斷靠攏，他就能夠不斷取得好的回報，最終達到較好的水準。

11. 順 隨

順隨就是自己感覺不彆扭。動作能順隨,關節就不會損傷;身體能順隨,僵力就能夠去除;氣能順隨,血脈就能通暢;心能順隨,就能把握萬物之根。

12. 呼吸自然,氣要通順

行拳時,不要著意呼吸,應採用自然呼吸法。要達到順隨,呼吸也要保持自然,用意控制往往適得其反。以自然呼吸,帶動全身的氣通順運行,這樣才能使氣血正常流通,滋潤各處。著意不對,應在有意無意之間,以順隨自然為好。

13. 提氣補肝,沉氣補腎

肝的功能是氣血的生發,以拳勢動作引導氣向上升動,符合了肝的生發之性,所以補肝。腎的功能是氣血的收斂,以拳勢動作引導氣向下降收,符合了腎的收斂之性,所以補腎。肝腎強健了,身體的基礎就打牢了,生活、練拳、行功則都是同一件事,修養還可以進一步得到提高。

第三章
侯氏太極圓樁功

　　侯氏太極圓樁功為張三豐祖師之原創，它透過調氣息、強臟腑、養真元而輔助太極拳功的修煉，以順利便捷地直通到太極丹功的修煉層次。

　　「圓」即循環無端，不凸不凹，陰陽平衡，虛空全一，是太極之重要性質和表現形式。「樁」即挺拔剛韌，根深締固，虛實統一，混元立極，是太極功修煉的重要方式和基本目標。只有將「圓」和「樁」統為一體，才能實現太極圓樁功的修煉目的，侯氏太極圓樁功是與其他各種站樁或樁功完全不同的修煉功夫。

一、作　用

1. 養元調氣

　　「氣」是中華太極文化特有的概念，以現代觀念來看，凡是沒有宏觀形態可以分辨而又有物質存在的事情就是所謂的「氣」。人體外部有天宇之氣、呼吸之空氣、氣候變化之氣（風、寒、暑、濕、燥、火）、地氣、傳染病邪之氣（細菌、病毒、輻射等）等。人體內

有元氣、宗氣、營氣、衛氣、臟腑之氣等，統稱為內氣，是人體的重要物質基礎。

我們身體中的臟腑、經脈、經絡無時無刻不在用氣，人體的內氣推動、控制著生命活動，推動、控制著臟腑經絡和外部官竅的活動，因而內氣是生命存在及旺盛的根源，如果內氣不通暢、不順利，我們的身體就會生病；內氣活動如果停止，則導致生命終結。

元氣是本有之氣，是生命的根本，它由元精所化，並進一步轉化為內臟之氣，支持臟器的生命活動。宗氣是外來之氣，由食物中的營養物資和空氣中的清氣化合而成，並進一步轉化為營氣和衛氣，為我們身體提供熱量及其他能量，還可資助元氣，合成轉化為以督脈為首的經脈之氣，溝通臟腑和身體各部的聯繫。

侯氏太極圓樁功以保養元氣為首要目的，並促進臟氣的順利產生和通行，保證內臟活動有元氣的圓滿支持，由養腎氣、調肝氣，以達此目的。還要調養中焦脾胃之氣，以獲得必要的後天營養物質，並運活心肺之氣，使清氣能與營養物資高效率地結合。

所以，侯氏太極圓樁功的養氣調氣這個重要作用就能使我們獲得更加強大的生命活動基礎，有了充足的元氣、宗氣、營氣、衛氣和臟腑之氣，我們就有了一身正氣，就能對抗氣候失常之病氣，並強力驅逐傳染的病邪之氣，使我們保有健康的身體。《黃帝內經》說：正氣存內，邪不可干。

2. 強臟通腑

臟以藏為要，腑以通為順。腎臟藏精，並藏元陽，主骨生髓，是生命先天之根本。肝臟藏魂，生發陽氣，主筋脈調氣血，是供應能量、調節生命系統的關鍵。脾臟藏意，斡旋中州，是生命後天之根本。心臟藏神，推動血脈，向全身各部輸送能量和營養。肺臟藏魄，斂降陽氣，促進新陳代謝，是協調內外環境、迎來送往的通路。心包藏宗氣，輔助肺臟的呼吸功能和心臟推動血脈的功能，是後天之氣的大主。

各臟器「藏」的功能不損，則促進生命活動的能力就強盛，所以修煉侯氏太極圓樁功的第二個目的就是臟氣的守和藏，並促使膀胱、膽、胃、小腸、大腸、三焦這六腑的通暢。固氣樁養肺氣、助肺臟藏魄，利大腸通暢。守氣樁守丹田氣、助養心包宗氣，利三焦暢通無阻。合氣樁凝聚上下陽氣，助心火旺盛，君臨天下，保一身國泰民安，使小腸功能暢達。調氣樁養脾氣，助藏脾意，調中州四維，斡五行運轉，通胃腑之氣。舒氣樁養肝氣，助藏肝魂，生發陽氣，舒暢氣血津液，使膽腑通暢順利。培氣樁養腎氣，培元陽，固精氣，使先天根本不失，深根固底，長生久視，促膀胱行水化氣之能。

3. 培根壯骨

骨髓、脊髓等是由腎精所化生的，腎臟所藏的元精

是骨骼生長發育及骨質堅固的根源，腎精充足，則骨髓化生有源，骨骼得到髓的充養而堅固強韌，若腎精不足，則骨髓稀缺，不能充養骨骼。大部分人因沒有保養和修煉，在年歲大時，腎精皆損失不足，造成骨質疏鬆和骨質增生等，最終導致腰腿疼痛甚至傷病殘。

侯氏太極圓樁功以強腎培根保元為本，修煉增強腎臟藏精功能，藏的能力強，則精氣就充滿旺盛，就保有了陽氣之根本，就可化生骨髓，以此就有了骨骼的壯實，也就保證了生命活動的陽剛勁力支撐。

侯轉運老師說：剛勁的來源就是骨力，太極功使骨骼變得既有堅剛之性又有韌性和彈性，逐漸修煉成如合金鋼一樣的特性，骨力就構成了剛勁的基礎。

4. 和合為一

沒有經過太極功修煉的人，身體各部分都處在散亂的狀態，而身體的散亂是因為神和氣的散亂而造成的。神的散亂是我們心意不斂、被外界所牽動而造成，這使得大量陽氣被無端損失，而神的散亂又造成氣的散亂，進而使身體各部陰陽不平衡，使氣血運行更加紊亂，最終導致疾病和損傷。

侯氏太極圓樁功以圓滿而混一的圓樁，收斂散亂在身體各處的氣，收斂被外界環境牽引而隨波逐流的神意，凝合一起，以心意調動，向海底命根彙聚，最終修煉成精滿氣足，生生不息，使精、氣、神、形和合為太

極，是為自身合一，返璞歸真。

三豐祖師說：心安性定，神斂氣聚，一身中之太極成，陰陽交，動靜合，全身之四體百脈周流通暢。

5. 圓融天地

人是宇宙生命的一分子，宇宙天地的運行變化也影響和規定了人的生命活動，人只有遵循宇宙天地生命的自然規律，才能保證健康的生命活動。天地人合一，是中華太極文化的核心方法，順應自然，與天地相合，把個體小生命與宇宙大生命相連接、相融合，才能達到修煉的真正結果。

侯氏太極圓樁功秉承三豐祖師之太極旨意，宣導煉己修身，凝聚神氣，摒棄妄念，從自我做起，使自身氣息平和，融合天地，身心自由，精神自在。

二、分勢解說

1. 固氣樁

（1）功法意義

肺臟與大氣相通，它採取大氣中的能量精華供給血液系統，以使我們的後天生命得到維持和延續。肺臟主一身之皮毛，它透過咽喉、皮膚、汗毛等器官與外界環境相接觸、相適應，是變化性、適應性最強的臟器之一。練圓樁氣功首先要從身體與環境及大氣相接的最外

層練起，以達到調呼吸、順氣息，強固我們的肺臟以及手太陰肺經，強固我們的身體器官與大氣及宇宙環境相連相通的關係，是為固氣樁的意義。

(2)身形動作

動 樁

身體上部：脊柱自然挺直，頭容正直，兩眼向前平視，肩部放鬆，兩手手掌相對，從腹部上抬至胸前，然後兩手臂相對向內旋轉，兩手有彈性的向前推出，手心朝向前方，兩手指尖相對，兩手臂呈現為外撐姿勢，使手、臂、胸構成一個圓圈。

身體下部：兩腳間距如肩寬，隨兩手上抬之勢，兩腿微屈，腰部放鬆，在兩手前推時，兩膝上展，身體對拉拔長（圖3-1～圖3-5）。

圖3-1

圖3-2

圖3-3

圖3-4

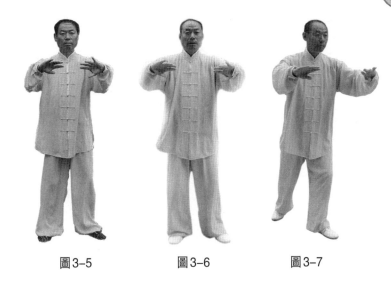

圖3-5　　　　　圖3-6　　　　　圖3-7

靜 樁

以動樁最後完成動作的姿勢為定勢，全身上下皆不外動，保持一個時間，保持時間的多少按自身條件確定，在剛開始練功時，保持時間可能較短，應根據練功和身體情況逐漸增加時間。

行 樁

以動樁最後完成動作的姿勢為定勢，左腳向左前方邁步，然後右腳再向左前方邁步，兩腳連

圖3-8

續向左前方邁步，最後回到兩腳的出發點，使兩腳的步動軌跡構成一個封閉圓圈（圖3-6～圖3-14）。

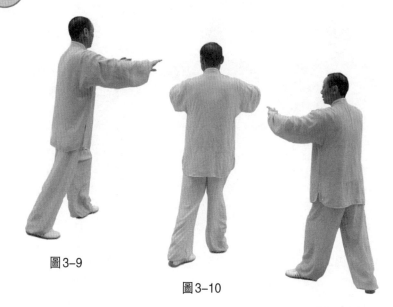

圖 3-9

圖 3-10

圖 3-11

圖 3-12

圖 3-13

圖 3-14

(3)心法要訣

天地大道，合和抱中，玄妙貫通，劈破鴻蒙，混沌開散，太一吐萌，內外虛實，乾坤德動。

渾然一圓合太宇，陽升陰降倚九金，固氣留魄戀三魂，胎息非凡聚五行。

2. 守氣樁

(1)功法意義

心包包覆心臟，又名膻中，是胸中之氣海，主一身之宗氣。宗氣上走息道，推動肺臟的呼吸功能；內走心脈，助心臟而行血；旁走筋經，管理視聽感覺和肢節運動；下走丹田，以資助先天元氣。

透過手厥陰心包經而強化心包功能，守膻中氣海，養一身之宗氣，是為守氣樁的意義。

(2)身形動作

動　樁

脊柱自然挺直，頭容正直，兩眼向前平視。肩部放鬆，兩手臂從外撐姿勢相對向外旋轉，然後將兩手向內收回至小腹兩側，手心朝向上方，兩手指尖向前。兩腳間距不變，隨兩手回收之勢，兩腿微屈（圖3–15～圖3–18）。

圖3–15

圖3-16 　　　　　　圖3-17 　　　　　　圖3-18

靜 椿

以動椿最後完成動作的姿勢為定勢，全身上下皆不外動，保持一個時間，保持時間的多少按自身條件確定。在剛開始練功時，保持時間可能較短，應根據練功和身體情況逐漸增加時間。

行 椿

以動椿最後完成動作的姿勢為定勢，左腳向左前方邁步，然後右腳再向左前方邁步，兩腳連續向左前

圖3-19

方邁步，最後回到兩腳的出發點，使兩腳的步動軌跡構成一個封閉圓圈（圖3-19～圖3-27）。

圖3-20

圖3-21

圖3-22

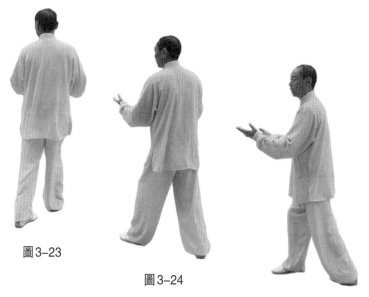

圖3-23

圖3-24

圖3-25

圖3-26   圖3-27

(3)心法要訣

竅門橐籥，朱雀燒空，庚方月現，西南得朋，笑傾玄酒，宴飲黃中，二八成就，烏兔混融。

守護氣穴立極樁，上下互緣督任堂，內外真氣收歸根，靜默順息意為王。

3. 合氣樁

(1)功法意義

心臟為推動血脈的運行提供了最主要的動力，因此心臟也就起到了管理、協調全身各器官運行作用，它的這種管理、推動和協調運營的功能稱為心神，《黃帝內經》指出：如果心臟功能有失，則所有其他器官都有削弱或喪失功能的危險。侯氏太極合氣樁就要透過合全身

上下之氣，並疏通手少陰心經，為心臟的運營提供源源不斷的強勁動力，使心臟保有旺盛的工作活力，增強以心神為核心的內神功能，為全身各部有序運行提供氣血支持。這就是合氣樁修煉的意義。

2. 身形動作

動 樁

脊柱自然挺直，頭容正直，兩眼向前平視。肩部放鬆，兩手臂從小腹部，相對向上並向外抬起，到胸前位置後，兩手繼續向上並向內旋轉，到頭部的前方時指尖相對，手心朝下，兩手臂向上的運動軌跡是一個圓。然後兩手臂順上升路線而返回下落，兩手落在胯部，左右相對，手心向上。

兩腳間距不變，隨兩手向上之勢，兩腿微屈，隨兩手下落之勢，兩腿上展（圖3–28～圖3–33）。

圖3–28　　　　　圖3–29　　　　　　　圖3–30

圖3-31　　　　　圖3-32　　　　　圖3-33

行　椿

以動椿身體上部動作而連續運動，同時左腳向左前方邁步，然後右腳再向左前方邁步，兩腳連續向左前方邁步，最後回到兩腳的出發點，使兩腳的步動軌跡構成一個封閉圓圈（圖3-34～圖3-45）。

（3）心法要訣

神光默默，黃屋玄翁，巽風鼓吹，滿鼎霞紅，水火進退，朝屯暮蒙，子午運用，卯酉無功。

圖3-34

灼灼神火照海底，取坎填離乾健體，虛心實腹義氣深，陰陽和合為太極。

圖 3-35

圖 3-36

圖 3-37

圖 3-38

圖 3-39

圖 3-40

圖 3-41

圖 3-42

圖 3-43

圖 3-44

圖 3-45

4. 調氣樁

（1）功法意義

脾臟是後天之本，它由促進消化飲食而為形體各部提供營養，是宗氣的重要來源，是營衛之氣的主要來源，因此它能斡旋一身氣血的運轉，處調氣統血之樞機地位。侯氏太極調氣樁透過調脾氣，疏通足太陰脾經，使脾臟功能得到加強，則左升右降的氣血運轉功能得以順利維護，營養則灌輸全身，從而身心健康，氣順血行，悠遊自在。此為調氣樁之功用意義。

（2）身形動作

動　樁

脊柱自然挺直，頭容正直，兩眼向前平視。肩部放鬆，兩手臂沿身體中線上下交錯前後畫立圓，右手先停在小腹前，左手臂從小腹部起，沿身體中線向上並向外領起，手心朝右，到胸前位置後，繼續向上但向內旋轉，到頭部的前方時開始向內旋轉下落；在左手臂從上向下畫圓旋轉的同時，右手臂從小腹部起，沿身體中線向上並向外領起，手心朝左，兩手在胸前前後相對，右手在前，左手在後；然後兩手臂繼續相對畫圓旋轉，右手到頭部前方時，左手下落到腹部。兩手臂的運動軌跡都是一個立圓，只是相對上下前後交錯畫圓。

兩腳間距不變，隨兩手上下之勢，兩腿不斷變換重心，左手向上時，重心稍微偏在左腿；右手向上時，重

圖3-46   圖3-47   圖3-48   圖3-49

心稍微偏在右腿，並且兩腿分別隨手臂上勢而微屈，隨手臂下落而上展（圖3-46～圖3-49）。

行 樁

以動樁身體上部動作連續運動，同時左腳向左前方邁步，然後右腳再向左前方邁步，兩腳連續向左前方邁步，最後回到兩腳的出發點，使兩腳的步動軌跡構成一個封閉圓圈（圖3-50～圖3-61）。

（3）心法要訣

陰陽變理，變化亨通，既濟生氣，斡旋於中，顛倒運行，剛柔均等，浮沉用意，調養真種。

聚散氳氤成交故，只緣彼此懷真土，會得其中顛倒意，四象交加戊己中。

圖 3–50

圖 3–51

圖 3–52

圖 3–53

圖 3–54

圖 3–55

圖 3-56 圖 3-57 圖 3-58

圖 3-59 圖 3-60 圖 3-61

5. 舒氣椿

(1)功法意義

肝臟主一身之筋脈，控制著陽氣、血液和津液的通行，肝功能如果受損，則下丹田氣海的元氣就會不足，全身的陽氣供應就會減少；如果因情志或病理因素造成肝臟緊張不舒暢，使疏泄功能失調，則血脈運行也會受阻而產生血瘀，津液受阻而產生痰瘀。侯氏太極舒氣椿能舒暢足厥陰肝經和肝臟的氣血運行，穩定我們的心神和情志，使肝臟及其功能得到保養，促氣血津液順利通行，從而使筋脈、關節也暢通柔順，既有了氣血供應的充足，全身筋脈的柔順強健，又有了心情舒暢，使生命力更加強盛。這就是舒氣椿的功法意義。

(2)身形動作

動　椿

脊柱自然挺直，頭容正直，兩眼向前平視。肩部放鬆，兩手臂從小腹兩側向中合掌，指尖向上，沿身體中線向上運動，到達頭部後，兩手左右分離成手心向下，相對向外畫圓下落，下落到與臍部同高位置後停止。兩腳間距不變，隨兩手向上之勢，兩腿上展，隨兩手向下之勢，兩腿微屈（圖3-62～圖3-65）。

行　椿

以動椿身體上部動作連續運動，同時左腳向左前方邁步，然後右腳再向左前方邁步，兩腳連續向左前方邁

圖3–62　　　　　圖3–63　　　　　　圖3–64

圖3–65　　　　　　圖3–66　　　　　圖3–67

步，最後回到兩腳的出發點，使兩腳的步動軌跡構成一
個封閉圓圈（圖3–66～圖3–77）。

圖 3–68

圖 3–69

圖 3–70

圖 3–71

圖 3–72

圖3-73　　　　　　　　　　圖3-74

圖3-75　　　　　圖3-76　　　　　圖3-77

（3）心法要訣

順氣逆流，巽風鼓動，二八調和，火炎虛空，靈寶

天真，丹田透紅，一弦春意，九轉功成。

龍吟虎嘯自然情，運火調和在均平，盈虛有時審消息，知機知勢是君明。

6. 培氣椿

(1)功法意義

腎臟藏生命先天元精，主全身細胞及各機體組織中水液的運行和平衡，每天按陰陽平衡的需要將部分精氣轉化為陽氣送到肝臟，再由命門收斂陽氣而轉化為精氣，從而調節了全身的陰陽平衡狀態，所以是生命的根本。如果陽氣經常不能正常收斂，使腎臟失養，則元精會損耗嚴重，日積月累，則元陽失去供養，細胞和機體中的含水量日益減少，骨髓逐漸乾涸，最終神形衰憊，使疾病無可防治。

侯氏太極培氣椿天天修煉，通行足少陰腎經，使腎臟收斂功能不斷得到加強，保元精元陽不損，逐日培護精氣的充盛，為進一步的丹功修煉，補足損耗的精氣，打下了良好的基礎。此為培氣椿的練功意義。

(2)身形動作

動 椿

脊柱自然挺直，頭容正直，兩眼向前平視，肩部放鬆，兩手臂從小腹部起手，手心向上，一起向上抬起，上舉到頭部位置後，兩手向內向下旋轉，成兩手背部相對，手心向外，指尖向下，垂直向下運動到兩胯旁，保

持手心向外、指尖向下狀態。兩腳間距不變，隨兩手向
下之勢，兩腿微屈，腰部放鬆（圖3-78～圖3-82）。

圖3-78

圖3-79

圖3-80

圖3-81

圖3-82

靜 椿

以動椿最後完成動作的姿勢為定勢，全身上下皆不外動，保持一個時間，保持時間的多少按自身條件確定。開始練功時，保持時間可能較短，應根據練功和身體情況逐漸增加時間。

行 椿

以動椿最後完成動作的姿勢為定勢，左腳向左前方邁步，然後右腳再向左前方邁步，兩腳連續向左前方邁步，最後回到兩腳的出發點，使兩腳的步動軌跡構成一個封閉圓圈（圖3–83～圖3–91）。

圖3–83

圖3–84

圖3–85

圖 3-86

圖 3-87

圖 3-88

圖 3-89

圖 3-90

圖 3-91

(3)心法要訣

命在海底，精髓盈充，原始祖氣，樸實隆重，恍惚杳冥，玄妙之宗，培土養真，德滿道中。

雷聲隱隱震虛空，電光亮處尋真種，風信來時覓本宗，悠悠候得玉宇瓊。

7. 收功樁

收納五行，和合四象，圓融陰陽，復返太極。

將兩臂旋轉到身前，使掌心向前，兩臂畫圓上托至頭部，掌心朝上，隨兩臂上抬，兩膝展開，身形拔長。然後兩手旋轉使掌心向外，兩手再向下畫圓，下落時，兩膝微屈然後再展開，最終兩手下落到兩胯處（圖3-92～圖3-96）。

圖3-92　　　　　　圖3-93　　　　　　圖3-94

圖3-95　　　　　　　　　圖3-96

第四章
侯氏太極丹功

侯氏太極丹功是張三豐祖師嫡傳之內功，繼承了上至軒轅黃帝和老子，下至尼子、魏伯陽、呂洞賓、陳摶、張三豐等歷代祖師的大道理論和修煉方法，具有正宗太極玄門法脈，是中華太極文化之瑰寶。

侯氏太極丹功能使我們的身心達到更為自由自在的狀態而不為外部環境所牽制，能使我們的陽氣和陰精不因年歲的增長而喪失殆盡，還使我們的生命能夠突破固有世俗的限制而由我自主控制，由此，得悟宇宙自然生命之規律，順遂萬事萬物生命之大道。

在經歷了侯氏太極拳功和太極圓椿功的認真修煉後，我們就可實現心意、內氣和身形的完全統一，使全身氣血通暢，臟氣秘藏，六腑通順，陽氣充足，陰精牢固，那麼修煉太極丹功的身心條件就已經具備，則可進一步修煉侯氏太極丹功。

若能一心一意修煉太極丹功，排除萬難而修煉成功，則可「奪天地玄妙之功，窮鬼神不測之奧」，從而與宇宙生命之大道相合。

一、概　述

1. 丹是什麼

「丹」原本是指一種紅色礦石，即「丹砂」，後來則將以礦物質為主的多種物質而化合成的藥物稱作「丹藥」。中國古代人們經常用此類丹藥來治病健身，並期望用此「丹藥」來養生長壽。

但後來的養生實踐證明，此「丹藥」無法使人們達到長壽，因而老子開創了道家，以修身養性煉命為方法，使修煉者達到長壽的結果。

在修煉過程中，修煉者使身體內的元精和元神相結合，而產生一種具有超級能量的物質，這個物質就是元氣，道家將此元氣稱為「丹」，也稱作「內丹」或「小丹」。人身中的這個元氣與宇宙生命元氣是完全同質的，只是人身中的元氣與宇宙生命元氣處在相隔絕的狀態，能量有限。

修煉者需要透過內丹的培養和凝聚，而與宇宙生命元氣相感應，並招攝宇宙元氣與自身內丹相合，形成和合圓滿的生命元氣。這個元氣與宇宙生命元氣相連相通，完全一致，具有真實不妄、不生不滅、萬古不變的特性，所以被稱為「金丹」或「大丹」，張三豐祖師就以得金丹而舉世著名。

2. 什麼是太極丹功

修煉者透過完全的修煉過程，先結內丹，再得金丹，這個過程就是太極丹功。張三豐祖師把此丹功稱為「金丹大道」，以與其他各種旁門斜徑的練功方法相區別。

張三豐祖師說：「不拘貴賤賢愚、老衰少壯，只要素行陰德，仁慈悲憫，忠孝信誠，全於人道，仙道自然不遠也。又須洞曉陰陽，深參造化，察其真偽，得陰陽之正氣，覓鉛汞之真宗，方能換骨長生，居不夜之天，玩長春之景，與天地同久，日月同明」（《大道論》），將丹功的行功過程做了概括的述說。總結起來，修煉丹功有以下層次和進境：

（1）以德修行，服務社會，做個好人。

（2）探索真理，研究生命，做個知人。

（3）操練太極，把握陰陽，做個實人。

（4）心胸開廣，放棄妄欲，做個虛人。

（5）煉己持心，大靜大定，做個修人。

（6）先天來復，陰陽相合，做個煉人。

（7）跨越虛空，混融玉宇，做個聖人。

張三豐祖師對實際行功方法總結為：「以德行為先，陰功為本，察陰陽造化之機，求玄牝乾坤之妙，辨二八坎離之物。定金花水月之時，施降龍伏虎之威。明立命生身之處，其間致虛守靜，他主我賓，日月交光，戊己為用，則丹成反掌矣。」（《大道論》）

3. 爲什麼要煉太極丹功

修煉太極丹功有不同層次的目的，在不斷的修煉中，根據各修煉者的品性，會有不同境界的追求。

（1）健康身心，消除疾病。

（2）長壽久歲，逍遙在世。

（3）修性立命，把握生機。

（4）證悟歸真，合道成聖。

4. 人的壽命和健康

宇宙生命體系中各物種在形成時，即按照先天之道對某物種分配一確定量的先天元氣和生命形式，這一先天元氣和生命形式構成了每個物種生命活動的根本。對於人類來說，每個個體在出生時就包含了一個確定量的先天元氣，也稱原始祖氣，古人研究該先天元氣重量是一斤（古代一斤約為250克）。這一先天元氣貯藏在人的腎臟系統中，維持人的生殖功能和內臟運行，每一次心臟搏動就消耗一點元氣，元氣直至消耗到不足以維持內臟系統的活動，則人的生命終止。

按《素問·上古天真論》的研究，女性的生殖功能停止年歲是49歲，男性的生殖功能停止年歲是64歲，表明這時先天元氣的量已降低到了一個較少的量，已不能支持生殖的功能了，但這剩餘的先天元氣還能繼續支持生命代謝活動再有幾十年，若個體按照人類正常生命

活動規律作為生活方式，則先天元氣可使一般人活到100多歲。然而大多數人因日常生活和各種社會活動而對元氣消耗過快，所以活不到這個壽數。

體力活動、腦力活動和生殖活動進行得越多，元氣的損耗就越嚴重，就會越早地患疾病而死亡。現代社會中經常出現過勞死，就是因為過度使用身心而造成的。年輕人得病少，即使得病也容易痊癒，是因為其元氣旺盛。年老者易患病，且不易恢復健康，是因為其元氣減少、身體虛弱。所以保元氣、防止過度損耗就是保證健康的重要方法。

張三豐祖師說：「奈何靈明日著，知覺日深，血氣滋養，歲漸長歲，則七情六慾，萬緒千端，晝夜無休息矣。心久動而神漸疲，精多耗而氣益憊，生老迫而病死之患成，並且無所滋補，則療病頻生。而欲長有其身，難矣。觀此生死之道，人以為常，誠為可惜。然其疾病臨身，亦有求醫調治，望起沉屙，圖延歲月者，此時即有求生之心，又何益乎？」（《大道論》）

5. 人的情、慾困境

人的元氣之所以會快速消耗，是因為人的情和慾。

情、慾鼓動身心勞作而不甘休，循環往復，日復一日，使人元氣逐漸減少，直至消耗殆盡而死亡。

張三豐祖師說：「惜人多溺於功名富貴場中，愛慾恩情之內，狼貪不已，蛾撲何休，一朝大限臨身，斯時

悔之何及！惟其甘分待終，就死而已。」（《大道論》）

比如說金錢，它本是一個社會交換關係的媒介，是一個概念性的東西，但人都當它是實物而去追求它，這就是社會觀念造成的假象，但卻被大部分人所迷戀，而付出超量的精力去追逐，本末倒置，使自己的生命受到極大的傷害。比如說飲食吃飯，本來是藉用外界能量來補充人在社會活動中的身體消耗，但卻被變成了追求美味、山吃海喝的生活習慣，同樣是本末倒置，而使自己的身體受到損害。

一個人從出生開始就一直受到社會環境的感染，由此累積形成了一層一層相互疊加的社會觀念、規則和生活行為方式等等，大部分人對自己的身心陷在這種狀態裡是沒有自覺的，而是樂此不疲，被這種狀態所控制和左右，所以造成不自覺的身心勞作，而使元氣不斷喪失。儘管有少數人感覺到了自己處在受社會環境和自身行為習慣支配的狀態下，但由於人的習慣性力量非常強大，則很難使自己擺脫這種狀態。

6. 人的兩種生存狀態

人在世上有兩種生活方式和狀態：

一種狀態是被動的適應，即被社會環境所左右，被周圍人際關係、情感所控制，在這種狀態下，身心不由自己操縱，只能隨波逐流，在社會意識和思潮的感染

下，在人類習慣行為方式的控制下，去追求所謂「幸福快樂」的生活，為此付出超負荷的精力，可能得到了權利、財產、愛慾、名譽等等，最後疾病纏身、撒手人寰，還自認為一輩子該得到的都得到了、該享受的都享受了，至死迷妄。實際上，這種人從來沒有實現真正的自我，而是不斷被社會習慣力量所控制和操縱。

另一種狀態是：醒悟自身受社會環境和自身行為習慣控制和支配的被動狀態，藉由堅定的修煉來打破擺脫這種身心束縛，按生命的本意而存在，從而獲得生存的主動權，不受金錢、權利等等的控制，適時待機而動，創設為民服務的事業，尊重愛護生命，妥善應對但不糾纏陷入社會人際關係，應事不迷，保養元氣，處在健康的生活狀態，並研究生命的道理和修煉之術，在合適的時間閉關修煉丹功，擺脫損耗元氣、疾病纏身的慣性，徹底獲得生命的自由。

7. 放棄後天的「自我」

既然生命元氣的損耗是因為我們的身心由外界事物所牽引、干擾、迷戀而造成的，那麼，我們為了打破這種狀態，就反其道而行，使外界事物對我們的身心不產生牽引、干擾和迷戀的作用，這個反其道而行則需要不斷修行。

關閉耳、目、口三器官的運行，杜絕外部的刺激干擾，反躬自省，同時收心、養氣、保精，使內部精、

氣、神不受損失，並能逐漸獲得心意的控制和調配，訓練自己在外部刺激干擾的環境中，能做到「降心為不為」「對境無心」。

這段功夫就是「煉己」的功夫，在這個過程中，要不斷與自己的私心雜念做鬥爭，並要堅決地斬除外部歷史和現實與我內心千絲萬縷的聯繫，放棄原來的自我，使自己的凡心「死去」，這即是「心死而神活」，就擺脫了生命元氣不斷損耗的困境。

張三豐祖師說：「學道人原有常格宜破，乃能引心入理，熱心去則冷心來，人心絕則道心見。此吾所以撇功名勢利，棄兒女家園也。修真學道，要把道當為奇貨可居，乃有效驗。」（《道言淺近說》）

「欲求還丹，必先絕欲。欲求絕欲，必勤殺機。勤於殺機者，刻刻有靈劍在手，外欲乍乘，急須就起殺機，勿容縱意，久久純熟，對境無心，即可行反本歸根之道。」（《大道論》）

8. 丹功三階段

張三豐祖師說：「夫道者，無非窮理盡性以至於命而已矣。」（《大道論‧上篇》）「既不知窮理，則心不明，心既不明，則不能見性，既不見性，焉能至命？」（《玄機直講‧煉丹火候說》）

(1)窮 理

在練功實踐之前，必須把丹功原理和練功過程及練

功方法釐清楚，如果不完全徹底釐清楚，則要嘛前進方向不明，要嘛不能專心修煉。而且在窮理之後，也就更加樹立了修煉信心和決心，從而不生退縮之心，不畏艱難，將修煉之路走通。

三豐祖師給出的窮理方法是「讀真函，訪真訣，觀造化，參河洛」（《道言淺近說》）。

真函由大德高聖所著，如《道德經》《參同契》《陰符經》《悟真篇》《大道論》等，能使人心明眼亮，如黑夜之明燈，照亮前進道路。張伯端先生言：「陰符寶字逾三百，道德靈文滿五千，今古上仙無限數，盡從此處達真詮。」（《悟真篇》）

真訣是歷代高聖所傳心法，對具體修煉給予指導。在過去資訊交流不發達時，需要修煉者辛苦走訪修行高人而獲得，而今天已有許多真訣被公開，見諸書籍和網路，需要修煉者在讀真函的基礎上，能夠明辨是非，結合自身的修煉實際，而與真訣相契合，如能鍥而不捨地進行修煉，則能順利突破修煉中的難關。

觀造化就是透過觀察宇宙生命現象，來感悟把握生命之道。

河洛就是以河圖、洛書為代表的表達宇宙生命變化自然規律的數術理論和圖畫，透過研究這些數術細節，能明白和掌握修煉的規律和火候。

(2)盡 性

「盡性」也就是「煉性」，結果是「見性」。所謂

「見性」，就是見到人的本性和真性、見到宇宙生命的本性和真性，人的本性和真性也就是宇宙生命的本性和真性。「盡性」就是由破除生命精神現象而不斷深入，在窮盡一切現象紛擾之後，看到、得到最根本的生命本質，也就是見到本性。

而我們一般普通人所表現出的感性、心性和人性等精神狀態，都不是生命本性和真性，都是會變化的，可以破除的，可以被放棄的，我們認識不到這一點，只不過是我們普通人沒有自覺罷了，平常我們的心被外界現象所牽引，我們看到的、感應的無非都是變化紛繁的過眼雲煙，我們的心始終圍繞這些煙雲，被這些煙雲所遮蔽，看不到人的真性，所以，要「見性」，就要「明心」，不受煙雲干擾和遮蔽，心地光明，本性自現。

若能盡性，見到真性，也就是成就了內丹，此內丹也稱為「玉液還丹」。

三豐祖師說：「大道以修心煉性為首，性在心內，心包性外。是性為定理之主人，心為棲性之廬舍。修心者，存心也，煉性者，養性也。存心者，堅固城郭，不使房屋坍塌，即築基也；養性者，澆培鄞鄂，務使內藥成全，即煉己也。心朗朗，性安安，情慾不干，無思無慮，心與性內外坦然，不煩不惱，此修心煉性之效，即內丹也。」（《道言淺近說》）

「假使有緣之士，得遇真師，先行玉液還丹，煉己和光，操持涵養，迴光返照，此即見性明心之事也。」

（《玄機直講・煉丹火候說》）

(3)立 命

立命就是透過內丹而求宇宙生命元氣，使內外打成一片，實現個體的人與宇宙生命系統相對接，成就金丹大道，步入自由之境，掌握自身命運。立命的過程也稱作「金液還丹」。

三豐祖師說：「夫道者，……乃至人口傳心授，金液還丹之妙道也。……乃最上一乘之道，以有為入無為，以外藥修內藥，以己而求彼，以陰而配陽，以鉛而投汞，以氣而合神」（《大道論》）；「性者內也，命者外也」（《道言淺近說》）；「內藥養性，外藥立命」（《大道論》）；「以內接外，合而為一，則大道成矣」（《道言淺近說》）；「此金液還丹，乃陰陽五行之大道也」（《玄機直講》）。

二、修煉要點

1. 死生爲念，嚮往超越

生活的幸福、工作的良好狀態都取決於健康和生命，但生活和工作也在不斷消耗著生命、損害著健康，如果是違反生命自然規律的不良生活習慣和超負荷的工作，則會加速破壞身心的健康，導致在受盡病痛折磨後提早離世。

儘管可能為自家掙了超多的財富和名譽地位，但這既滿足不了無盡的貪慾，也買不來健康的生命。

三豐祖師說：「七情六慾，萬緒千端，晝夜無休息矣。心久動而神漸疲，精多耗而氣益憊，生老迫而病死之患成，並且無所滋補，則療病頻生，而欲長有其身，難矣。」（《大道論》）人生最大的問題就是衰老病死問題，沒有嚴肅思考過怎樣去解決這個問題的人，都屬渾渾噩噩虛度日月之輩。

侯氏太極丹功就是專門解決這個人生大問題的正確方法，它繼承了由軒轅黃帝到老子，再到張三豐這一脈相承的太極丹功，以性命雙修為手段，以修內丹、煉金丹為過程，最終與宇宙生命大道相契合，跳出人們在世俗社會中衰老病死這個循環圈子，完成人生的超越。

2. 正心修身，累功積德

人是高級群居動物，具有社會屬性，不是一個沒有社會關係的孤立個體，所以要正確處理社會人際關係，並承擔社會責任。

社會人際關係是有著社會發展運行規律的，修道者要按照這個規律律己修身，先修人心，後依天心，終得道心。三豐祖師說：不拘貴賤賢愚、老衰少壯，只要素行陰德，仁慈悲憫，忠孝信誠，全於人道，仙道自然不遠也。

在此基礎上，則進一步探生命造化之原理，明天地

陰陽之規律，以此修行太極丹功，繼承和發揚中華太極
文化。正如老子《道德經》中所說：「修之身，其德乃
真；修之家，其德有餘；修之鄉，其德乃長；修之邦，
其德乃豐；修之天下，其德乃博。」（《道德經》五十
四章）

3. 清心寡慾，積精累氣

人的生命和健康，是靠臟腑的正常運行活動來保證
的，而臟腑正常運行活動的能量，是來自於原始精氣化
生的內臟陽氣，但原始精氣卻是在人孕育出生時就已由
宇宙自然規定了一個確定量，臟腑的活動時刻不斷消耗
著精氣，隨著年歲增長，原始精氣就越來越少，到某個
節點時，原始精氣減少到了某一個量點，便不足以支持
臟腑正常的運行活動，結果骨骼中的骨髓開始減少，細
胞中的含水量也開始減少，人則出現衰老之態。再到下
一個節點時，原始精氣更加減少，從此開始，疾病纏
身，更加耗費陽氣，逐漸逐漸，精少氣虛，不足以維持
臟腑基本運行活動時，則走到人生的終點。

因此，要保持健康的生命狀態，就要保證精足氣
滿。但在日常生活和工作中，身體不由自主地日益不斷
損耗著原始精氣，而此原始精氣屬先天性質，非醫藥、
食物在後天狀態下所能補充。要想保精護氣，必須改變
日常世俗心態和不符合自然規律的生活方式，從清心寡
慾、少思不慮修煉起。

三豐祖師說「古之賢人」是:「忠孝兩全,仁義博施,暗行方便,默積陰功,但以死生為念,不以名利關心,日則少慮無思,夜則清心寡慾,以此神全氣壯,髓滿精盈。」(《大道論》)只要轉換了心態和生活方式,就能阻止原始精氣的不斷損耗,由此,可進一步向神全氣壯、髓滿精盈的狀態接近。

4. 安靜虛無,煉己築基

在無思無慮、安靜虛無的狀態下,久久保持,則修煉者就能從後天身心狀態進入到先天狀態之中,由此煉己築基,修成玉液還丹。但初學修煉者,心思不易寧,慾望不易斷,需要修心煉性,克制自我,依照老師指引的正確方法刻苦努力。

正如三豐祖師所說:「修行人,心欲入靜,貴乎制伏兩眼。眼者心之門戶,須要垂簾塞兌。一切事體,以心為劍。想世事無益於我,火烈頓除,莫去貪著。訣云:以眼視鼻,以鼻視臍,上下相顧,心息相依,著意玄關,便可降伏思慮。」(《<呂祖百字碑>張三豐注》)

煉己的功夫是最關鍵的、也是最難做的功夫,要克己去私,與過去的世俗自我決裂,沒有堅定的意志力和無上追求,是不可能成功的。必須過了這一關,才能進行金丹功的修行,否則會有七情之患、五賊之害。所以三豐祖師說:「欲求還丹,必先絕慾。欲求絕慾,必勤

殺機。勤於殺機者，刻刻有靈劍在手，外慾乍乘，急須
就起殺機，勿容縱意，久久純熟，對境無心，即可行反
本歸根之道」（《大道論》）。

5. 性命雙修，太極大道

性不是指人的後天性情和思慮，而是指個體的先天
本有狀態。後天性情隨外界環境而動，使人心久動疲憊
而損耗生命元氣根本，先天本性常靜不動，是宇宙自然
對個體生命的原始稟賦。

透過養性煉性，以靜以默，神光觀照，心息相連，
做到無思無慮，不煩不惱，從而澆培鄞鄂，使情欲思慮
不干擾、遮蔽自然本性，則就能使其本性顯現，明心而
見真性，最終成就內丹。

命是宇宙自然所給予，依靠天真元陽而存在，但人
身個體元陽有限，在一般世俗狀態下，僅能支援一個確
定量的呼吸次數，稱為「氣數」，當此氣數用盡時，則
個體魂魄飄散，還給天宇，物質和能量皆守其恒，在生
活時的個體之意識只是曇花一現，然而可在成就內丹之
後，致虛極，守靜篤，身靜於杳冥之中，心澄於無何有
之鄉，在大定大靜中獲得來自宇宙虛無玄牝中之大藥，
煉金液還丹之功，續真陽真息予人生，從而實現個體生
命的超越，是為修命。

人率用其天性，以復其天命，是為性命雙修，此修
煉玉液、金液還丹之功是生命的太極大道。

三、侯氏太極內丹功功法

1. 概 述

內丹功從初級到高級分為三個階段，這三個階段是：積精累氣，開關展竅，築基煉己。

(1)積精累氣是煉內丹功的上手階段

該階段是要逐漸不斷地增加精和氣，培養修煉內丹功的資本。我們普通人隨年齡的增長，精和氣都在不斷地損失，在開始練功時，精和氣的數量不足以支持我們修煉內丹功，所以要斷絕精和氣流失的管道，使精和氣不再損失，並透過練功進一步增加精和氣的數量。

在積精累氣階段，我們就由後天狀態轉換到先天狀態，當積累精氣到一定程度時，則玄關一竅突然顯現，這時就進入到開關展竅階段。

(2)開關展竅是煉內丹功的中級階段

在開關展竅階段，隨著練功的深入，神和氣息逐漸統一，由後天呼吸狀態轉換成為內呼吸，即胎息狀態，使我們的身心狀態回歸到出生前的母胎孕育狀態，這就叫歸根覆命，回到生命之原始本初，歸於天地之根。

在這種狀態中，真氣薰蒸營衛，從尾閭開展，順督脈穿過夾脊，上升到頭頂泥丸，再由任脈下降，經鵲橋，過重樓，至絳宮，最後落到中丹田，使河車之路打

通，可以進入築基煉己階段。

(3)築基煉己是煉內丹功的高級階段

在築基煉己階段，精神日益增長，真氣不斷充盛，直至形成坎離交媾，使乾坤會合，神融氣暢，真氣上沖百脈，一陽出生。然後每日運營，調和火候，以百日的功夫使內丹形成，此為玉液還丹。

築基就是修心凝神，使坎離相交、魂魄相合，而產生內丹。煉己就是虛無養性，使情慾不干，從而養育鄞鄂，成全內丹。煉己的功夫在整個丹功中最為關鍵，其目標是要用神氣煉成慧劍，憑此斬七情之患、除五賊之害，煉己功夫純熟，則心無雜念，體若太虛，一塵不染，萬慮皆空，心死神活，才有可能修煉下一步的金丹功。

總起來說，修煉丹功要停止自我的後天心意，而以宇宙生命自然之天心為主宰，要放棄自我的後天神志，而以生命自然之元神為應用。

具體來說，要以自己的耳目口外三寶和精氣神內三寶為修煉基礎，使耳、目、口關閉，不洩漏損失自身的精、氣、神，則精、氣、神這三寶就能自動凝聚匯合。在這種狀態下，就能使自我小生命與宇宙大生命相感應、相連通，而宇宙先天生命的元氣自然就可來到我們身中。然而，人的整個身體及各個部分都屬於後天，只有一點先天原始祖氣是真正全陽之氣，但這點全陽真氣卻混藏在身體中的虛無杳冥之處，在後天生命狀態下一

點也找不到其蹤跡所在，既虛無縹緲，又玄妙靈異，很難找到和發現它，這一點全陽真氣是感應宇宙生命先天真氣的關鍵。

所以說，宇宙生命先天真氣雖然是外來的，但確實也是由自身內所孕育的，先天真氣若無後天身心的幫助，也是沒有辦法招攝來的。但後天身心如果不能獲得先天真氣，也不可能與宇宙大生命相通。這個修煉規律就是，虛無之真氣可由後天身心激發而產生，而後天之身體可因感應宇宙生命能量而與先天之氣相通，先天之氣對後天身心，就像深山中的應聲回音一樣。

2. 內丹功修煉

(1)身體姿態

站勢不適合內丹功，因練功時陽氣回收，則會使身體發生動搖，練功無法持續。臥勢也不適合內丹功，因血氣不易下降，使陽氣不能順利回收聚集，氣血狀態易散漫，除非有非常方法能控制它，一般人難以做到。所以修煉丹功要採用坐勢，稱為打坐。

打坐採用的是雙盤腿坐勢，因為如果將雙腳落在地面上，則不容易聚氣，只有在因各種環境條件而無法盤腿的情況下採用雙腳落地坐勢。剛開始盤腿時會不習慣，可採用任意散盤，坐久了腿腳因血流不暢通會產生麻木，可坐在軟褥上使臀部墊高一些，比腿部略高。即使這樣，仍會有麻木，需要忍耐，任其麻木，只要挺過這個

麻木階段，以後盤坐時就不會再被它所擾亂影響了。

躯幹姿勢要求自然挺拔和放鬆，不能前俯後仰或左右歪斜，躯幹彎曲或向前彎腰俯身則會阻礙氣的運行，導致昏沉瞌睡，後仰斜靠則使氣行散漫而無法聚集，導致不能入靜。如果實在控制不住身體，可在後腰部抵一軟物來支撐，但一定不能向前彎腰俯身。時間一久，自然衝破身體姿勢難關而成為自然。

打坐當中，肩臂放鬆，兩手上下相疊、手心向上、置於腹前兩腿之上的適合位置。頭部要正直而不歪斜，頸項自然正直而放鬆。雙目自然微閉，不用使勁。口自然閉合，舌抵上齶，若口內產生津液，則可隨時咽下。呼吸採用自然呼吸，不要有意去干涉，時間一久，呼吸自然漸漸變小，出入微細，但不用去有意管它。

(2)積精累氣

每天下午1點至3點、夜間23點至凌晨1點，使自己處在安靜環境中，沒有響動和干擾，閉雙目、緘口舌、凝耳韻，先靜一時，時時檢查腦筋是否完全放鬆，去除各種混亂的心思和雜念，使身心安定，氣息平和，做到「寂滅情緣，掃除雜念，潛心於淵，神不外遊」，而後以雙目內視、迴光返照臍下和命門之間，不即不離，勿忘勿助，萬念俱泯，一靈獨存，這種心神狀態是為正念，保持這種狀態，心靜則息自調，靜久則心自定，死心以養氣，息機以純心。

精、氣、神為內三寶，耳、目、口為外三寶，使內

三寶不逐物而遊，外三寶不透中而擾，呼吸綿綿，深入丹田，呼吸和神氣聚而不離。

在這種狀態下，用於應對環境的所有陽氣全部回收到內而轉化為精，隨著練功的持續深入，內臟的活動度也逐漸降低，先是肺臟，再是肝臟，後是脾臟，不斷減少工作，用於臟腑工作的元氣也向內而轉化為精，精氣逐漸增加，自然漸漸兩腎火蒸，丹田氣暖，久而久之，精氣則不斷積累增強。還有內外交接之法，使水火既濟，氣血逆流，五臟氣合，脾胃開暢，食入腹中，也可化氣生精養神，直至骨髓盈滿，精滿氣壯。

(3)開關展竅

透過天天堅持凝神調息，將清靜之心深入身中海底，凝起神了，就如坐在高山上而視看眾山眾水，就如點燃天燈而照亮所有幽昧黑暗，也就是凝神在虛中。在這種狀態下，氣息相和，突然在某日，玄關氣穴顯現，外呼吸轉為內呼吸，進入胎息狀態。氣息在身內上中下不出不入，無來無去，成為胎息，也稱神息，這是練功的真槖籥、真鼎爐，也是玄牝之門、天地之根。

到了此時，我身內精氣開始啟動，就猶如花朵正在剛剛生出花蕊，不斷薰蒸營衛，由尾閭開始，穿過夾脊，升上泥丸，然後下落鵲橋，經過重樓，降至絳宮，最後落到中丹田，這就是開關展竅，也稱為河車初動，使真氣的道路打通。儘管打通了真氣的道路，但神和氣還沒有統一和完整，精轉化為真氣的過程並未來到，所

以仍然要保持凝神靜心狀態，不用管它，只要用神光微微凝照，凝神守於中宮，自然就會產生無限生機，這就是養郢鄂的培育功夫。

(4)築基煉己

修行了一月至二月之時，我的神思益加安靜，越是靜的長久則真氣越加充沛，或百日，或百餘日，精神更加旺盛，真氣漸漸充滿，保持不斷的溫溫火勢，血水也更加充分有餘，結果就自然使精氣坎離交媾，使體內陰陽乾坤會合，從而神融氣暢。

突然一霎那時，真氣相互混合，有一陣回風上衝百脈，這是河車真動，這時感覺身體中間好像在丹田有一點靈光產生，這就是水底玄珠、土內黃芽，緊接著一陽來復，恍如紅日初升，照在滄海之上，如霧如煙，若隱若現，這是鉛火真陽之氣產生了。

然後將上竅中的元神深入金鼎氣海之中，與下竅中的元氣進行配合，則坎離自動交合，從而魂魄混合，神氣凝結，胎息自然穩定，天天都感覺像夫婦性交般的暢快無比，但切不可去體認迷戀它。這時水火陰陽自然既濟，向全身四肢發散運行，就如爐火產生的噗噗火焰相似，只要注意使水火均平，就是不斷運行的小周天功夫。每天要使火候調和薰蒸，將喉息倒回元海，則使外部陽氣自然入內，體內真火自然上衝，每每感覺渾身蘇軟，美快無窮，腹中就好像有一條活龍在轉動升降，一天之中會產生數十種的變化，結果則真陰真陽自然合

成，修成為內丹。

這也就是透過修煉玉液還丹，即築基煉己，來積內法財，終日逍遙暢快，不論是白天還是黑夜，光明始終顯現在眼前，這煉己和光的功夫，就是操持涵養內丹，使心神迴光返照，這就是見性明心的功夫。

修心就是堅固城郭，不使房屋坍塌，也就是築基。煉性就是養性，就是澆培鄞鄂，務必使內丹成全，這就是煉己。如果能做到心中朗朗無礙，性情安靜自然，使情慾不能干擾於我，做到無思無慮，則心與性內外坦然，不煩不惱，則就收到了修心煉性的效果，這時就可以進一步修煉長生久視之金丹功了。

3. 練功要點

(1)正 念

剛開始練功時，最困難的是消除思慮雜念。主要有兩方面的思慮雜念，一是由功名利祿等慾望及其社會關係引發的不安和思慮，一是像夢境一般的難以控制的情緒遊思，紛紛亂亂，難理難斷。對慾望思慮的克服方法是：人若有心於道，自然無心於事，若是真正的學道人，則必然會將自己原有的身心習慣狀態和功名利祿之心破除掉，使人心杜絕，將社會人際的熱心去除，就能引靜心入道，使道心顯現，自然去除私心雜念。

對遊思的解決辦法是：將心思注意力放到兩眼和兩眼之間，使腦中產生光亮景象，保持一段時間，則遊思

盡被剷除，然後可迴光返照，將注意放在臍下規中，但要不即不離，勿忘勿助。

(2)養　氣

如果能收穫得一分元氣，那便是得到一分的真寶，如果能收得十分的元氣，便得到了十分的真寶。元氣是非常貴重的，如果用世俗的金玉財寶來衡量，不論用多少也換不到一分元氣，所以修煉之人是不會與世俗爭搶名利財富的，因為要爭搶就要多費心思和情感，心思和情感都屬火，而元氣卻是火的本源，只要在耗費心思和情感，那麼元氣也會隨之散去，你想留都留不住，更有嚴重者，連元氣的根本都會一齊飛散。

所以，養元氣要以戒除思慮和情感為關鍵，要想戒除思慮和情感，則以養心養神為手段。

(3)煉　心

煉心的方法是，要從當前日常小事做起，當前的任何處境都是煉心的環境，要從苦中求甘，從死裡才能求生。

(4)效　驗

修煉不能預設、貪想獲得某種練功效驗，在打坐修煉時，一定要心靜神凝，沒有一絲一毫的猜測和希冀之心，一定要抱住內呼吸做紮實的功夫。

(5)慎　獨

在開始打坐修煉時，必須要做到心神兩靜，空空寂寂，這種功夫只求自己考證、自我篤信，最終求得煉丹達成，而不是做個樣子給誰看的，所以要誠心誠意，不

自欺欺人，內心誠信篤實，這就是慎獨的功夫。

(6)斷 絕

煉丹功必須要一塵不染、萬慮俱忘，對世事要絲毫無掛，與世俗要一刀兩斷，永作他鄉之客，終不生退悔之心。

(7)煉 己

修煉者要在日常世俗中做煉己功夫，在塵俗中積精累氣，同時修心養性、攝情歸性。與之後的還丹相比，煉己最難，要做好煉己功夫，必須要掌握殺機反覆的手段。《悟真篇》有言：「若會殺機明反覆，始知害裡卻生恩。」由此我們就明白了，欲求還丹，必先絕慾，欲求絕慾，必要勤於殺機，要時刻有靈劍在手，只要外慾乍乘乍起，就必須馬上急起殺機，絕不寬容放縱，這樣時間一久，自然練得純熟，就能做到對任何外境或內境中都不生妄心，此時就可進行反本歸根的修煉，使我們自幼到老損失的天真元氣，都要奪取返還到我的天性之中，使我們的元精、元氣和元神達到三全狀態，做到心地光明而見真性，因而身心大定，這時才去修煉金丹而與大道相合。

修煉者在修煉金丹時要求得先天外藥，之前一定要做好煉己功夫，用先天神氣煉成慧劍，採獲金水以均勻調配剛柔。在煉金丹採取大藥並進火之時，全憑此慧劍斬除七情的禍患、去除五賊的為害。

如果沒有煉己的功夫，就不能斬斷去除七情五賊的

患害，則就不能常應常靜，那麼魂魄怎能受到制約，情慾就要干擾煉丹，這時如果要入室施行丹功，在臨爐下手之時，那麼儘管外火已然升動，但內裡元氣卻不感應，這是因為剛柔未能調配好，所以此慧劍沒有鋒刃，使得群魔為害，心神不寧，慾念雜起，使心神逐境漂流，致使元神汞火飛揚不斂，則不可能生成內丹。

而如果煉己功夫純熟，則就心無雜念，體若太虛，一塵不染，萬慮皆空，則凡心死而元神活，身心體虛而真氣運行，這時才能去修煉金丹之功。

四、侯氏太極金丹功功法

1. 概 述

金丹又稱為龍虎大丹，金丹功也稱為金液還丹、九轉大還、大周天或十月功夫。成功後就可以候先天之機，趁時機採取身外宇宙生命真氣，也稱為「大藥」，與自身中的內丹相結合，然後生成金丹，再經過十月成熟，至此為一得永得，使生命的元氣得以延續。煉成內丹功的大有人在，而煉成金丹功的人則是少之又少，是因為一般人們難於脫離束縛自己身心的世俗世界。

煉丹的過程就是先積累自身先天真氣，以此作為修煉的基礎，促使我們身體發生變化，由陰陽相雜狀態轉變為純陽狀態。

但要做到以上這些，就一定要使煉己的功夫純熟，由此才能進入到先天狀態，獲得宇宙生命元氣再入的機會，才能看見先天元氣的凝聚狀態，使我們的身心返歸為一，由此招攝宇宙生命的真氣，最終達到形氣接天地、神靈通寰宇的境界，與金丹大道相合相依，這都是生命的自然而然，不是後天妄作妄為所能得到的。

2. 金丹功修煉

(1)守雌不雄，寂然不動

先天之元神離不開元氣，先天之元氣也離不開元神，呼吸上下往來，都是在玄關橐籥之中，源頭也在於此。這時，心意不可著於身體，也不可將先天神氣加以運用，要將心志藏於虛無烏有之鄉，使神光湛然寂然，常照在玄關橐籥，使身心靜寂無所作為，由此，先天神氣自然運作有為，就像天地運行無所作為，而萬物自然而然化育生長一樣。

在此狀態下久久保持，則更進一步由靜態而生成定態，到此地步，元神則深入到元氣之中，使元氣與元神相合統一，周圍各種陰陽和五行性質的精氣，自然紛紛向元神元氣聚攏匯合，從而使元精元氣凝結為一體，這就是小周天和起始的靜定之功夫。在純陰性質的身體之下部，必須使用陽火來鍛鍊，才能使先天真氣產生，則先天元神才會產生。

使用迴光返照的方法，使元神凝接到丹穴，則真息

能夠往來，使槖籥內靜極而動，動極而靜，顯現出無限天機。我們只要不受外界干擾，身心不動，心性停止常靜，則先天元氣自然就回歸到玄關槖籥。只要如此，使得守雌不雄，寂然不動，就能收到感而遂通的效果。

(2)靜而生定，大藥始萌

以元神守住坤宮，則先天真陽之火自然產生。坤宮就是產生煉丹原料大藥的處所，如果大藥得不到真火的鍛鍊，則使其中金和水混融一處，真金不得煉出。如果不能專心致志、嚴守坤宮，則真陽之火就會散漫而不能聚合，大藥也就產生不出來，也就是沒有處在先天之狀態。大藥在真火長時間的鍛鍊下，水遇到了火則自然化成真氣，隨後騰騰向上薰蒸四肢百骸，使產生河車搬運之功，週而復始，在身體中循環流動，生生不息，則先天真精自然產生。

這時，呼吸互相包含，由靜態進入入定狀態，在這種大定狀態下，先天真氣就從寰宇虛無之處自然而來，這就是以先天之大真氣代替了後天的小元氣，此時，不得妄動，要順其自然，由先天狀態自動運轉發生。這時宇宙生命還在混沌原初，天地未分，先天與後天雜合一處，一待氣化過程來到，在這大定之中，太極將分，靜極而生動勢，促成生命的造化，先天氣降，藥苗初生，但是陽初復卻還未脫離於陰，時現時隱，這是大藥開始萌生，此時卻不可馬上採取，但如果有一絲一毫的後天念想產生，則這個天陽真氣就會消失不見。

(3)採攝大藥，巧用天機

坤宮是生命造化的根源，是個體生命接受先天原始元氣的處所，開始時先凝聚元神在坤宮，鍛鍊陰精，使其化為真陽之氣，騰騰上炎，薰蒸百脈，使河車搬運，川流不息。運行一刻就有一刻之周天，運行一時一日、一月一年就有一時一日、一月一年之周天。然而在一刻中，上半刻為溫，為進火，下半刻為涼，為退符。一時則有上四刻和下四刻之分，而對一日一月一年來說，道理都是相同的。這就是攢簇陰陽五行，使一刻的功夫同一年的氣候一樣。

然後凝聚元神到乾宮，隨著不斷的鍛鍊，則上騰之真氣不斷凝結，逐漸聚攏逐漸結合，最終結成一顆丹藥，它是先天虛無中的丹珠，就如黃色黍米一般大小，得此丹藥，再不會失去，是為一得永得，這是先天虛無真氣自然回歸的結果。

繼續修煉至先天元精盈滿，閃閃發光，就如滿月之象，同時，修煉到先天元神充足，神氣飛揚，此精此神不斷交合相聚，則產生一點靈光，它渾圓飽滿、光耀閃閃，照耀著上下各處，身內的原始真氣感應身外的宇宙生命元氣，使先天真氣自寰宇虛無中而來，由此感應聚合而生生不息，這是宇宙生命造化的神妙結果。

先天真氣之大藥是從宇宙虛無中外來的，不是靠我們後天念想而能想來的。如果在剛開始煉丹時，就要向自己身內水中求得真陽一氣，那最終則會落得空空如也

的結果，什麼真正的東西也得不到，所以必須用我自己的先天真氣去感應宇宙天地的真陽真精。

在元神和元精日月交光的時候，先天大藥適時而來。此時，七竅光明，三陽開泰，神劍鑄成，藥苗已生，頭頂泥丸處呼呼生風，則順風發火，雷轟電閃，巧用天機，下手擒拿，採身外虛空元氣真鉛，配身中已得之元神真汞，以龍嫁虎，驅虎就龍，就感覺像在萬丈之深淵，不知有水，也不知有火，不知有天地人我，就像在醉夢之中，這正是先天元神和元精龍虎交會的時候，金木魂魄相互勾攝，真陰真陽水火相互激盪，突然大藥景象發生出現，就像雷電一樣迅疾，此瞬間則要急急採取已生之大藥。

這個採取自有其天機巧妙，就像用靈巧的機栝來控制有千萬斤之力的弩箭，要做到似採非採，不採實採，這才是真正採取大藥的方法。

(4)陰陽交媾，生成金丹

在攢簇之中，順時應節，湛然攝起海底真金，通夾脊、上泥丸，然後落入黃庭水晶宮之內，三回九轉，天地交泰，日月交宮，與木汞配合。使元神守住先天虛無之玄宮，以神意主動迎合先天元氣產生之牝府，則元神、神意相互交合，氣住脈停，是在先天狀態，由此大藥自然而得。在恍恍惚惚之中，在杳杳冥冥之處，突然產生一點紅光，像閃電般進入到我的下元坤宮，我自身的先天真氣自動與先天大藥相近相吸，陰抱陽、陽激

陰，陰陽交媾，先天元精激發出現，時間不過半刻，攢簇已定，真火衝入四肢。

修煉到此，則須防危慮險，沐浴身心，對各種奇異恐怖景象皆要置之不理，不著外邪，從而使水火既濟，汞鉛相投。此先天元精從先天太玄關上升進入到我的泥丸宮，三日才生大藥，這正是大開關火候，直至兩天半即三十個時辰，氣氣相通，化為金液，突然活潑潑地迸發出太陽流珠，脫殼入口，這是元陽真丹藥，然後下降被吞進腹內，頓時感到香甜清爽，每個毛孔都如初春時之暢快，遍體發出光芒，到此時才算是真正乾坤交媾，這時才知修煉金丹成功，這才是天地交泰，日月交宮，這時腎水上湧就如水泉一般，咽納不完。

此時更要注意防危慮險，即刻使全身各關竅緊密關閉，讓金液之還丹牢牢封固在黃庭之中，不能有半點洩漏，然後日運神火，包固周密，使純陽汞氣逐漸增多，使真陰鉛氣漸漸消散，終而合金丹於鼎內。

(5)專心致志，溫養金丹

用元神守在黃庭，則金丹之胎自然養成。黃庭在乾宮之下、坤宮之上，一天十二個時辰，始終想著念著不離此處，並收斂神意、含光藏耀，不論行住坐臥，都要做到神意綿綿若存，就像雞抱卵、龍養珠一樣。用抱元守一的方法，使先天元神元氣時刻相互結合，逐漸相化為一體，注意要使神光收斂、運息停止，不用去發運陽火，而陽火會自行發運。

　　煉到一百天時，玄關自開；煉到六個月時，靈丹成熟；煉到十個月時，金丹圓滿；煉至十二個月，則金丹大成。此時更要專心致志，持空養虛，以空養神，以虛養心，是為五龍大蟄法。

　　繼續修煉滿九年，則可與宇宙太虛同為一體，與宇宙生命大道相契相合，則能夠提挈天地、把握陰陽，最終成就金丹大道。

3. 練功要點

　　（1）煉己待時，候一陽至，擇地入室，煉龍虎大丹，必要僻靜雞犬不聞之處，外邊又要有知音道友，不要一個閒雜人來到，恐防驚散元神。

　　（2）持空煉神，守虛煉性，渾身五臟筋骨氣血，都化成青氣，專心致志，演神純熟，成形受使，斗轉星移，隨心所變，直養得渾身無有皺紋，上七竅生光，晝夜常明，身如太虛，才是正時候，方可求取金丹，也就是氣滿神全，法財廣大，方可煉金丹。

　　（3）功夫雖是一年，火候細微只在百日之內，動靜凶惡只在幾日，一時裡得內外攢簇，頃刻湛然，聖胎成就，產黍米之珠，吞入腹內，周天火足，脫胎換骨，只是要持空養虛，餘皆自然。

第五章
侯氏太極拳內功的歷史傳承

一、太極拳內功修煉的傳承歷史

1. 太極拳內功的歷史淵源

張三豐祖師說：「太極之先，天地根源。老君設教，宓子真傳。」老君就是道家祖師老聃，後世尊稱為「老子」，老子姓老名聃，春秋時楚國苦縣（今安徽渦陽）人，是道家開山立教的創教祖師，道教中尊為「太上老君」，以《道德經》五千言名聞世界，是承載人類文明大智慧的先師和聖人。

老子繼承了伏羲氏和軒轅氏的生命修煉之道，開太極丹功玄門修煉之大道宏教，並在民間傳播發展，從而使歷朝歷代的賢人志士，都彙聚在太極大道的旗幟之下，使太極丹功修煉之風代代相傳。

宓子姓宓名喜，字公文，春秋時任周朝函谷關的關令尹，被後世以官名稱為「關尹」或「尹喜」。因老子辭官赴終南隱居，路過函谷關，宓喜則向老子請教天地、邦國、人倫、生命之道理，老子以大道和玄德給予

了細緻講解，使宓喜頓感老子之大道之無所不有，其玄德妙不易得，並由此洞見到太極玄門修煉的新境界，從而拜老子為師，侍奉左右，共赴終南山隱修，後來修成太極丹功而圓滿得道，被尊為「文始真人」。

從此，太極丹功修煉就在中華大地上一代代薪火相傳，湧現出無數修煉專家。

東漢年間的魏伯陽真人，著《周易參同契》，把黃帝、老子的太極大道、《周易》陰陽變化大旨和煉丹爐火之說這三門理論和理法技術進行詳細參究和融會貫通，闡明了修煉太極丹功的正確方法。

舉世聞名的唐代純陽子呂洞賓真人，受鍾離權傳以太極丹功大道妙訣，對道門太極丹功修煉的傳承起到了承前啟後的作用。陳搏老祖，生活在唐末、五代時期，得呂洞賓傳授《周易參同契》，麻衣道者傳授正易心法，以太極丹功為本，開創了先天隱仙派。

2. 太極拳的創造及太極拳內功的歷代相傳

張三豐祖師名君寶，字全一，號三豐，出生於元朝定宗貴由二年、南宋理宗淳七年（西元1247年）。30歲時，他棄官離家別鄉，雲遊四方，尋訪高人和修道之法，元朝延元年（西元1314年），67歲時，他在終南山遇見了修道大師、陳搏老祖的弟子火龍真人，火龍真人向他傳授了太極丹功及修道真法，在火龍真人的指導下，修煉功效卓然，又經過後來在社會上的多年磨練，

功夫更加深厚。

元朝泰定元年（西元1324年）春，三豐祖師入武當山面壁調神九年，煉到九轉金丹大還，終於修煉始成。三豐祖師修煉太極丹功的實踐與體會，在他的著作《大道論》《玄機直講》《玄要篇》等中有完整記述。

明朝建立（西元1368年）初期，張三豐祖師在武當山隱居，同時收徒傳授太極丹功。為使弟子們順利修煉，他將所修的太極丹功和各種道家動功體系以及古傳拳術相結合，以伏羲太極圖、易經陰陽變化原理和老子道德理論為指導，創造了以修煉太極內功為宗旨的新型功法，是為太極拳，從此，太極拳修煉法成了修煉太極內功的基本入道之法。

明朝嘉靖（西元1522—1566年）年間，張三豐祖師的太極拳法和內功修煉方法傳至山西王宗岳。王宗岳從學後苦練不輟，經多年研悟修煉，太極拳內功達爐火純青之境。明朝萬曆年間，王宗岳途經河南懷慶府趙堡鎮，收蔣發為徒，並帶回山西家中親自培養，將張三豐三合一太極拳全部傳授給蔣發。蔣發先師回到趙堡鎮家鄉後，更加深入研究和磨練，終得修煉大成，成為太極拳一代宗師。

蔣發嚴遵師訓，擇人而傳，收同鄉邢喜懷為徒，將三合一太極拳和修道真法傳給了他，從此張三豐祖師所創太極拳及其內功在趙堡鎮秘傳了四百多年。

在這四百多年中，太極拳及其內功代代秘傳，完整

繼承了張三豐祖師的拳架、打手和內功修煉體系，被稱為「傳統三合一太極拳」。邢喜懷傳張初臣，張初臣傳陳敬伯，陳敬伯傳張宗禹，張宗禹傳張彥，張彥傳其兒子張應昌，之後傳其後代張敬芝，張敬芝傳侯春秀，侯春秀傳侯轉運。

3. 太極拳宗師侯春秀

侯春秀，字天順，河南溫縣趙堡鎮人。生於 1904 年，卒於 1985 年，享年 81 歲，張三豐傳統三合一太極拳第十二代傳人，生前曾任趙堡太極拳研究會名譽會長。

侯春秀先師生長於清末到民國的戰亂年代，17 歲時即拜太極拳一代宗師張敬芝為師。侯春秀先師在跟隨張敬芝老師學習太極拳時，尊師重道，敬師如父，深得張先生的感動與器重，故將張三豐太極拳之功法和秘訣全盤授予侯春秀先師。

侯春秀先師刻苦鍛鍊，細心揣摩，反覆實踐，功夫造詣達到出神入化、爐火純青之上乘境界，全面繼承了三豐祖師的傳統三合一太極拳，成為太極拳一代宗師。20 世紀 30 年代，侯春秀先師離開趙堡鎮，輾轉來到陝西，先到寶雞，後又定居西安。

20 世紀 50 年代起，侯春秀先師打破過去秘而不傳的門規，面向社會公開教拳，大家都為他謙和的人品、高超的拳法和獨特的教學方法所傾倒，拜師學藝者甚眾，

社會各界先後前來學習者逾千人，為傳播張三豐太極拳做出了重大貢獻。侯春秀先師具有高尚的仁德品格和精湛的太極拳技藝，得到了武術界同仁及學生、弟子的衷心感佩和愛戴。

侯春秀先師繼承了張三豐祖師三合一太極拳的真傳後並未保守秘藏，而是將其廣泛傳播，其弟子和學生更加傳向了全國及海外，發揚光大了張三豐太極拳，造福了廣大百姓，為中華太極傳統文化的發展做出重大貢獻。為紀念他的功德，後人將侯氏傳承的傳統三合一太極拳也稱為侯氏承架太極拳，簡稱侯氏太極拳。

4. 當代太極拳大師侯轉運

侯轉運，出生於 1957 年 8 月，並成長在這個太極拳興旺發達的時代。他目睹父親侯春秀驚世駭俗的太極功夫，決心繼承父業，學到真本事，把太極拳事業發揚光大，為民造福。在侯春秀先師的嚴格教授下，侯轉運從小學習傳統三合一太極拳，每日堅持習練，勤於思考，不斷實踐，因而從拳架、打手、內功諸方面全面繼承了張三豐太極拳和太極內功，具有高深的修養和功夫，成為當代著名的太極拳大師。

自侯春秀先師去世後，侯轉運就擔任起傳播張三豐太極拳的重任。近三十年來，向社會廣泛傳播傳統三合一太極拳，其弟子、學生遍佈海內外各地。侯轉運還被聘為西安市太極拳總會副會長、西安市武術協會委員、

武術教練，陝西省多所高等院校武術總教練，及多家企事業單位的顧問。

侯轉運精湛的太極拳功夫和事蹟日益為社會各界人士所傳揚，《中國太極拳大百科》《中國太極拳大辭典》《華夏名人錄》《三秦名人錄》《武當》《氣功與健康》等書刊均有刊載。

陝西電視臺、西安電視臺、西安廣播電臺等多家媒體也多次予以宣傳和報導，慕名前來訪問者絡繹不絕，侯轉運先生均熱情接待，並給予指導，深受廣大太極拳愛好者的推崇與尊敬。

2007年，侯轉運主持成立了「侯氏太極拳會」，創建「侯氏太極拳網」，編著文章資料，傳播三豐祖師的三合一太極拳功法體系，使廣大人民群眾能夠認識並瞭解傳統三合一太極拳，從而使張三豐太極拳更加普及，為人民健康事業做出貢獻。

二、傳統三合一太極拳歷代傳承關係

祖　師：張三豐（元貴由二年 1247—？）

第二代：王宗岳（明嘉靖十年 1531—？）

第三代：蔣　發（明萬曆二年 1574—1654）

第四代；邢喜懷（明萬曆二十四年 1596—1673）

第五代：張初臣（明萬曆三十三年 1611—1693）

第六代：陳敬伯（清康熙二年 1663—1745）

第七代：張宗禹（清康熙三十七年1698—1779）

第八代：張　彥（清乾隆十七年1752—1836）

第九代：張應昌（清乾隆四十二年1777—1858）

第十代：張金梅（清道光二年1822—1904）

第十一代：張敬芝（清道光二十五年1845—1925）

第十二代：侯春秀（清光緒三十年1904—1985）

第十三代：侯轉運（1957年出生）

後 記

1980年「十一」國慶日，我在鐘樓街新華書店買了一本《太極拳運動》，由此開始自學簡化太極拳和88式太極拳。那時因為學業繁忙和資訊閉塞，也不知道在哪裡找一個好老師來請教，只能靠閱讀書本並模擬書中圖畫去實踐，然後自己逐漸琢磨領悟，就這樣走進了太極拳修行的道路。

1985年，劉會峙老師和劉鴻義師兄等來到西北工業大學教拳，我有幸學到了侯氏太極拳拳架套路，感覺自己的練拳水準有了一個躍進式的提高，更加增強了我修煉太極拳的信念。但因種種情況，沒有能繼續向他們學習和求教，失去了一次寶貴的機會。儘管日後還經常練習拳架套路，但修行的進境卻止步不前，沒有多少提高。

2007年「五一」節，我在網上看到侯轉運老師在興慶公園教拳，便來到了興慶公園教拳地點，見到了侯轉運老師。之後在侯老師的教導下，太極拳修煉水準日益提高，逐步掌握了太極拳的精髓思想和修煉方法。由此我感到，如我原來那樣，儘管好像是學習了太極拳，但卻始終摸不著如何提高修煉水準之門，這樣的人何止萬

千？在公園、路邊能比畫所謂太極拳動作，但卻不知道太極拳到底是什麼，這樣的人比比皆是，真正的太極精髓到哪裡去尋？所以我著寫了《侯氏太極拳》《侯氏太極拳用法解析》和本書，來展現侯氏傳承張三豐祖師原創太極拳的部分內容，使太極拳愛好者能找到進步之階梯，步入一脈相承的太極修煉大道。

　　我對知識追求的興趣比較廣泛，曾涉獵現代科學技術和中外歷史文化，通讀儒、釋、道經典文獻。過去一直以為求取知識就是邁向獲取真理之路，但進入了太極修煉大道以後才感悟到，知識對於求真只是起到輔助作用，而只有親身實踐，才能真正掌握事物之理，只有實修真煉到一個程度，就如烈火見金剛，才能頓見宇宙生命之大道。只有做到返璞歸真，摒棄自己的世俗妄念，才能回歸天心主宰之局面，而在太極大道中暢遊，這才是真正求真之道，是我們面向未來之依據。人是宇宙中一分子，人的思想和行為都要與宇宙自然規律相符合，事物之真理依賴於太極大道，以太極大道統轄萬物之真理，在大道中，光明照耀坦途。

國家圖書館出版品預行編目資料

侯氏太極拳內功修煉 ／ 張昱東　著
——初版，——臺北市，大展，2017〔民106．12〕
面；21公分 ——（武術特輯；158）
ISBN 978－986－346－187－6（平裝附數位影音光碟）
1. 太極拳
528.972　　　　　　　　　　　　　　　　106018395

侯氏太極拳內功修煉 附 DVD

著　　　者／張昱東
責任編輯／王躍平
發 行 人／蔡森明
出 版 者／大展出版社有限公司
社　　　址／台北市北投區（石牌）致遠一路2段12巷1號
電　　　話／（02）28236031・28236033・28233123
傳　　　眞／（02）28272069
郵政劃撥／01669551
網　　　址／www.dah-jaan.com.tw
E－mail／service@dah-jaan.com.tw
登 記 證／局版臺業字第2171號
承 印 者／傳興印刷有限公司
裝　　　訂／眾友裝訂企業公司
排 版 者／弘益電腦排版有限公司
授 權 者／山西科學技術出版社
初版1刷／2017年（民106）12月

定　價／350元

大展好書　好書大展
品嘗好書　冠群可期